科学的に探究する
資質・能力を育む理科教育

山田　貴之

大学教育出版

ま え が き

　児童生徒の主体的な学びを成立させるためには，教材として理科教科書に取り上げられている全観察・実験等について，教師がそれぞれの探究的特徴を理解するとともに，観察・実験を通して，どのような科学的な問題解決の力を育成できるのかを分析していることが必要です。さらに，科学的な探究活動を方向付ける中核として，探究の初期段階における見通しをもった「問い」の設定が重要であると考えています。

　こうした背景を踏まえ，本書では，私がこれまでに取り組んできた3つの研究（①学生を対象に質問紙を用いて実施した調査研究，②小中学校の理科教科書の比較分析に関する調査研究，③理論・調査研究の結果を踏まえた授業実践研究）をベースに，それらの成果をまとめました。各研究の概要は以下の通りです。

① 　まず，小中学校理科教科書に掲載されているすべての観察・実験を対象に，「探究の技能」の含有率の傾向から類型化し，各クラスターの探究的特徴を解釈するとともに，各学年で育成する問題解決の力の傾向について検討しました。次に，小中学校理科教科書に掲載されているすべての「問い」を対象に，2008年告示の学習指導要領に準拠した教科書との比較から「問い」の特徴を明らかにしました。

② 　主体的・協働的な学びを促す指導方法として，「探究の過程の8の字型モデル」と「探究アイテム」を適用することで，生徒の実験に対する意識や行動の変容，および科学的探究過程の理解に効果があることを明らかにしました。

③ 　学生の理科に対する興味が主体的・対話的で深い学びにどのような影響を及ぼしているのかについて検討したり，理科における問題解決能力を構成する諸要素の因果モデルを明らかにしたりしました。

　私は，これらの研究成果が資質・能力の育成に向けた教育内容の改善・充実

の理念を授業において具現化する際の手引きになるのではないかと考え，本書としてまとめることにしました。しかし，本書は決して目を見張るような革新的な教育理論を述べているわけではなく，私が小中学校の理科教師として現場で抱いた問題意識や課題を基に，その解決に向けて取り組んできた軌跡だと考えています。本書が学校の教育現場で児童の問題解決の力や，生徒の科学的に探究する力を育成しようと日々努力されている先生方や，教員養成大学の学部生・大学院生の学習の指針となれば幸いです。

　最後に，私の研究室に所属し，真摯に研究に取り組んだ諸氏の研究成果なくして，本書を世に問うことはできませんでした。山田研究室に所属された，学部・修士課程・専門職学位課程の皆様に心より感謝申し上げます。

2023 年 6 月

編著者　山田　貴之

科学的に探究する資質・能力を育む理科教育

目　次

第4章　中学校理科教科書に掲載されている「問い」の分類とその探究的な

　　特徴 ── Y社の2011年と2020年の検定済教科書を比較して ──

◆**実践編**◆

第7章　中学校理科授業における主体的・協働的な学びを促す指導方法
―「探究の過程の8の字型モデル」と「探究アイテム」に着目して ―

理 論 編

第 1 章

理科に対する興味が主体的・対話的で深い学びに及ぼす影響
― 初等教員養成課程学生を対象として ―

はじめに

　学習者が自らの学習を動機づけ，主体的な学びを形成していくという，学習意欲に支えられた自ら学ぶ力の育成が重要な教育課題とされている（伊藤，2008）。そのような中，中央教育審議会（2016）は，「主体的・対話的で深い学び」の実現に向けて，3つの視点に立った授業改善を示している。

　具体的には，「学ぶことに興味や関心を持ち，自己のキャリア形成の方向性と関連付けながら，見通しを持って粘り強く取り組み，自己の学習活動を振り返って次につなげる『主体的な学び』が実現できているか」「子供同士の協働，教職員や地域の人との対話，先哲の考え方を手掛かりに考えること等を通じ，自己の考えを広げ深める『対話的な学び』が実現できているか」「習得・活用・探究という学びの過程の中で，各教科等の特質に応じた『見方・考え方』を働かせながら，知識を相互に関連付けてより深く理解したり，情報を精査して考えを形成したり，問題を見いだして解決策を考えたり，思いや考えを基に創造したりすることに向かう『深い学び』が実現できているか」である。

　原田・三浦・鈴木（2018）は，理科授業での「主体的・対話的で深い学び」の実現にとって高い興味価値（理科の楽しさ・面白さ）の認知は不可欠であり，次期学習指導要領において動機づけは授業改善に必要な視点であると同時に，理科において育成を目指す資質・能力そのものの一側面であるとしている。このように，「主体的・対話的で深い学び」の実現に向けては，「学ぶこと

に興味や関心」を持たせることを初発の段階に位置付けることが重要であると言える。

田中（2015）は、興味は個人の内から湧き出てくるものであり、他者が無理やり外的な圧力によって興味を抱かせることは困難であるとしている。その一方で、高い興味が学習にポジティブな影響を及ぼすことが知られており（Hidi, 1990）、学習者自身にいかに興味を持たせるかが重要な課題であると言えよう。そして、「いかに興味を育むか」を考える際、「どのような種類の興味を育むか」を明確にすることも重要である（田中, 2015）。なぜなら、持たせる興味の種類によって、「主体的・対話的で深い学び」に及ぼす影響が異なると考えられるからである。

例えば、理科授業において、不思議な自然現象を提示することで興味を持たせる場合と、身近な自然現象について既有知識を基に思考させることで興味を持たせる場合とでは、授業の目標や展開が異なるはずである（玉木, 2016）。授業の目標や展開が異なれば、上述した授業改善の内容や相互関連のバランスも変わることから、理科に対する興味の種類が「主体的・対話的で深い学び」に及ぼす影響を検討することは意義深いと考えられる。

ところで、中学校第3学年生徒を対象に、理科に対する課題価値の認知が「主体的・対話的で深い学び」に及ぼす影響について検討した前出の原田ら（2018）は、「興味価値」と「制度的利用価値」が、「批判的思考」と「評価懸念による授業参加」を媒介し、「主体的・対話的で深い学び」に影響を及ぼすことを明らかにしている。当該研究は、「主体的・対話的で深い学び」の実現に向けた授業改善が期待できるという点に加え、「制度的利用価値」の認知を向上させるような教師の介入により、批判的思考を促進し、生徒の科学的な探究活動を保障することも可能となる点においても示唆に富む。

しかしながら、学習に対する動機づけが高まったとしても、適切な学習行動が行われなければ、よりよい学習成果にはつながらない。そのため、近年、学習の自己調整という観点から、学習動機づけによる学習成果を説明する媒介要因として、学習のやり方である学習方略が取り上げられてきた（高垣・田爪・中西・波・佐々木, 2009）。

　そこで本章では，原田ら（2018）を参考に，「主体的・対話的で深い学び」に影響を及ぼす要因として，「課題価値と2つの媒介変数（批判的思考，評価懸念による授業参加）」を取り上げた。本章との分析視点の差異は，田中（2015）が開発した「理科に対する興味」尺度を用いて「興味価値」を細分類化することで，どのような種類の興味を育むかが明確になり，そのための指導法考案に向けた示唆を得ることができる点である。

　さらに，細分類化した「興味価値」と，「主体的・対話的で深い学び」の「媒介要因」を好感度，理解度，学習行動，批判的思考，教師支援，有用感といった多面的な要因に着目して分析する点にある。本章により得られる知見は，理科授業における「主体的・対話的で深い学び」を成立させる指導法の開発に向けて重要な示唆を与えるものになると考える。

第1節　「主体的・対話的で深い学び」に影響を及ぼす要因の検討

1－1　目的

　本章では，初等教員養成課程学生を対象とした質問紙調査の結果に基づいて，「理科に対する興味」が「媒介要因」を経由し，「主体的・対話的で深い学び」に影響を及ぼすという因果モデルを仮定し，その妥当性について検討することを目的とした。

1－2　調査対象と時期

　新潟県内の国立大学法人A大学において，初等理科指導法を受講する学生230名を対象に，2019年4月上旬に15分間の質問紙調査を行った。分析は回答に不備のあった7名を除く223名について行った。学生を調査対象とした理由は，児童生徒の「主体的・対話的で深い学び」の実現に向けた授業を実践できる教員を養成する上で，大学における授業改善が求められており，その前提として学生の実態把握が必要であると考えたからである。

1−3 質問項目の作成

　「主体的・対話的で深い学び」に影響を及ぼす要因として，「理科に対する興味」および「媒介要因」が挙げられる。そこで，「理科に対する興味」32 項目，「媒介要因」23 項目（好感度 3 項目，理解度 3 項目，学習行動 4 項目，批判的思考 7 項目，教師支援 3 項目，有用感 3 項目），「主体的・対話的で深い学び」9 項目，計 64 項目で構成された質問紙を作成した（表 1-1）。各質問項目については，「5. あてはまる」「4. 少しあてはまる」「3. どちらでもない」「2. あまりあてはまらない」「1. あてはまらない」の 5 件法で回答を求め，5 段階の評定をそのまま得点化した。

1−3−1 「理科に対する興味」について

　田中（2015）が考案した 32 項目を使用した。これは，「日常関連型」（6 項目），「実験体験型」（6 項目），「達成感情型」（5 項目），「知識獲得型」（4 項目），「思考活性型」（6 項目），「驚き発見型」（5 項目）といった 6 つの下位尺度で構成されている。

1−3−2 「好感度」，「理解度」，「教師支援」について

　北村・森田・松田（2002）が考案した算数の意欲・好感度を評価するための 20 項目を使用し，その下位尺度である「意欲・好感度」（4 項目），「理解度」（3 項目），「教師の支援・フィードバック」（3 項目）を参考に，それぞれ 3 項目ずつ作成した。学習行動については，木下・松浦・角屋（2007）が考案した「観察・実験に取り組む時の意識」を評価するための 14 項目を参考に，4 項目を作成した。批判的思考については，原田ら（2018）が髙見・木下（2017）を参考に考案した 7 項目を使用した。有用感については，原田ら（2018）が考案した課題価値評定尺度（10 項目）を使用し，その下位尺度である「実践的利用価値」（例：理科の内容は，わたしの身の回りで役に立っていると思います）を参考に，3 項目を作成した。

表 1-1　質問項目

1　好感度（3項目）
1）理科の勉強は好きだった
2）観察や実験を行うことは好きだった
3）理科の授業で、ものづくり（簡単なモーターやカメラ、カイロ、楽器など）は好きだった

2　理解度（3項目）
4）理科の授業の内容は、よく理解できた方だった
5）公式やきまりを習うとき、その根拠を理解するようにしていた
6）理科のテストでは、良い点を取ることが多かった

3　学習行動（4項目）
7）自分の考えを周りの人に説明したり発表したりする方だった
8）自分の予想をもとに観察や実験の計画を立てる方だった
9）観察や実験の結果をもとに考察する方だった
10）科学や自然について疑問を持ち、その疑問について人に質問したり調べたりする方だった

4　批判的思考（7項目）
11）理科の授業では、自分が納得できるまで考え抜く方だった
12）グループでの話し合いの中で、友だちの考察のおかしいところを指摘すると、自分にも同じことが当てはまるのではないかと気付くことがあった
13）理科の授業では、観察や実験の進め方や考え方が間違っていないかを振り返って考えてみる方だった
14）理科の授業で、自分の意見には理由をつけて発表する方だった
15）グループで考察を話し合うと、自分にはなかった新しい考えに気付くことがあった
16）理科の授業で、1つのやり方で問題が解決しないときは、他のやり方を試してみる方だった
17）実験結果について、データが間違っているかもしれないと疑ってみる方だった

5　教師支援（3項目）
18）理科の問題を解いているとき、先生はよくほめたりヒントをくれたりしていた
19）理科の授業でわからないことがあったら、先生に聞いてみる方だった
20）理科の授業でわからないことを質問すると、先生は分かりやすく教えてくれた

6　主体的・対話的・深い学び（9項目）
21）理科の学習に対して積極的に取り組む方だった
22）自分の学習活動を振り返り、次の学びにつなげようとする方だった
23）実験・観察場面では、科学的探究のプロセスを自ら進めようとする方だった
24）子ども同士の議論や対話により、自分の考えを深める方だった
25）科学的探究の場面では、グループ内の意見交換によって、自分の考えをより良くしようとする方だった
26）子ども同士で議論や意見交換を行っても、自分の考えを広げようとしない方だった（R）

27）科学的な知識を相互に関連づけて、深く理解する方だった
28）実験・観察場面では、科学的探究のプロセスを実践する方だった
29）理科の授業では、自然の事物・現象を科学的に探究する方法を用いて考える方だった

7　有用感（3項目）
30）理科の内容は、身の回りで役に立っていると思う
31）理科を勉強することで、身の回りのできごとや、現象のしくみを理解することができると思う
32）理科の授業で学習したことは、将来、社会に出たときに役に立つと思う

8　興味（32項目）
33）自分の生活とつながっているから
34）自分がふだん経験していることと関係があるから
35）生活の中で当てはまることがあるから
36）身近で起こっていることと関係があるから
37）自分と関係のあることだから
38）自分のことが説明できるようになるから
39）いろいろな器具を使うことができるから
40）自分で実験を実際にできるから
41）実際に色々な物に触れることができるから
42）いろいろな薬品を使うことができるから
43）いろいろな実験を見ることができるから
44）実物を見たり触れたりすることができるから
45）わかるようになった時、うれしいから
46）問題が解けた時、うれしいから
47）きちんと理解できた時、うれしいから
48）自分で答えを見つけ出した時、うれしいから
49）自分の予想が当たっていた時、うれしいから
50）いろいろなことについて調べることができるから
51）新しいことを学べるから
52）自分の知らないことを知ることができるから
53）自分の知っていることが増えるから
54）自分で予想や仮説を立てられるから
55）規則や法則の意味を理解できるから
56）先生の説明を聞くだけではなく、自分で考えることがあるから
57）習ったこと同士がつながっていくから
58）自分でじっくり考えられるから
59）いろいろな知識がつながっていることがわかるから
60）実験の結果に驚くことがあるから
61）実験がビックリするような結果になる時があるから
62）知って驚くことがあるから
63）「あっ」と驚く発見があるから
64）知って意外だと思うことがあるから

1-3-3 「主体的・対話的で深い学び」について

原田ら（2018）が考案した9項目を使用した。これは，「主体的な学び」（3項目），「対話的な学び」（3項目），「深い学び」（3項目）といった3つの下位尺度で構成されている。

第2節　因子名の検討

統計解析ソフトSPSS25.0を用いて，主因子法（Promax回転）による因子分析を行い，最終的に15因子59項目を抽出した（表1-2～1-4）。得られた15因子がどのような影響を及ぼしているのかを検討するために，因子負荷量の大きい数項目に着目して，「1-3-1」～「1-3-3」で述べた先行研究を参考に因子名を検討した。

- 因子1は，「40. 自分で実験を実際にできるから」「41. 実際に色々な物に触れることができるから」「44. 実物を見たり触れたりすることができるから」という項目が含まれていることから，「実験体験型」と命名した。
- 因子2は，「47. きちんと理解できた時，うれしいから」「46. 問題が解けた時，うれしいから」「45. わかるようになった時，うれしいから」という項目が含まれていたことから，「達成感情型」と命名した。
- 因子3は，「34. 自分がふだん経験していることと関係があるから」「33. 自分の生活とつながっているから」「35. 生活の中で当てはまることがあるから」という項目が含まれていることから，「日常関連型」と命名した。
- 因子4は，「55. 規則や法則の意味を理解できるから」「58. 自分でじっくり考えられるから」「56. 先生の説明を聞くだけではなく，自分で考えることがあるから」という項目が含まれていることから，「思考活性型」と命名した。
- 因子5は，「63.『あっ』と驚く発見があるから」「62. 知って驚くことがあるから」「64. 知って意外だと思うことがあるから」という3項目で構成されていることから，「驚き発見型」と命名した。

・因子6は，「51. 新しいことを学べるから」「50. いろいろなことについて調べることができるから」という2項目で構成されていることから，「知識獲得型」と命名した。

・因子7は，「13. 理科の授業では，観察や実験の進め方や考え方が間違っていないかを振り返って考えてみる方だった」「15. グループで考察を話し合うと，自分にはなかった新しい考えに気付くことがあった」という項目が含まれていることから，「批判的思考」と命名した。

・因子8は，「10. 科学や自然について疑問を持ち，その疑問について人に質問したり調べたりする方だった」「7. 自分の考えを周りの人に説明したり発表したりする方だった」という項目が含まれていたことから，「学習行動」と命名した。

・因子9は，「6. 理科のテストでは，良い点を取ることが多かった」「4. 理科の授業の内容は，よく理解できた方だった」という項目が含まれていることから，「理解度」と命名した。

・因子10は，「32. 理科の授業で学習したことは，将来，社会に出たときに役に立つと思う」「30. 理科の内容は，身の回りで役に立っていると思う」という項目が含まれていることから，「有用感」と命名した。

・因子11は，「20. 理科の授業でわからないことを質問すると，先生はわかりやすく教えてくれた」「19. 理科の授業でわからないことがあったら，先生に聞いてみる方だった」という項目が含まれていることから，「教師支援」と命名した。

・因子12は，「2. 観察や実験を行うことは好きだった」「3. 理科の授業で，ものづくり（簡単なモーターやカメラ，カイロ，楽器など）は好きだった」という2項目で構成されていることから，「好感度」と命名した。

・因子13は，「29. 理科の授業では，自然の事物・現象を科学的に探究する方法を用いて考える方だった」「28. 実験・観察場面では，科学的探究のプロセスを実践する方だった」という項目が含まれていることから，「深い学び」と命名した。

・因子14は，「26. 子ども同士で議論や意見交換を行っても，自分の考えを

表1-2 「理科に対する興味」の因子分析

番号	因子1	因子2	因子3	因子4	因子5	因子6
因子1 「実験体験型」						
40	.934	.003	.013	-.085	.005	-.147
41	.835	.076	-.002	-.008	.068	-.069
44	.783	-.005	-.007	.059	-.013	.088
43	.749	-.005	.025	-.078	.005	.126
42	.740	-.052	-.061	.073	-.016	.095
39	.721	-.050	.066	.028	-.034	.005
因子2 「達成感情型」						
47	-.059	.957	.025	.024	.011	-.088
46	-.049	.942	.045	.034	-.050	-.064
45	.103	.827	.013	-.053	-.034	.053
48	-.057	.778	-.069	-.039	.076	.181
49	.041	.716	-.026	.043	.059	
因子3 「日常関連型」						
34	-.018	-.069	.894	-.048	.043	.046
33	.011	.078	.873	.008	-.007	-.074
35	-.095	-.002	.817	-.068	.023	.079
37	.133	-.016	.765	.044	-.003	-.097
38	.056	.102	.422	.202	-.061	.117
因子4 「思考活性型」						
55	-.123	-.034	-.021	.791	.076	-.039
58	.106	.146	-.074	.754	.007	-.117
56	.100	-.050	-.039	.739	.053	.009
57	-.040	-.033	.169	.697	-.019	.036
54	.022	-.009	-.056	.622	-.113	.050
59	-.072	.079	.108	.594	.045	.060
因子5 「驚き発見型」						
63	.052	.084	-.037	.011	.939	-.123
62	-.002	.027	.016	-.030	.884	.059
64	-.036	-.124	.081	.045	.780	.089
因子6 「知識獲得型」						
51	.020	.129	.126	-.085	-.013	.722
50	.056	.054	-.146	.184	.051	.656
因子2	.36	—				
因子3	.16	.47	—			
因子4	.45	.64	.50	—		
因子5	.40	.46	.48	.64	—	
因子6	.44	.62	.46	.64	.59	—
α係数	.91	.93	.88	.87	.92	.77

表1-3 「媒介要因」の因子分析

番号	因子7	因子8	因子9	因子10	因子11	因子12
因子7 「批判的思考」						
13	.717	.034	-.055	-.054	-.034	.060
15	.709	-.251	-.033	.048	-.029	.053
12	.648	.114	-.081	-.019	.119	-.055
14	.648	.001	.273	-.018	.006	-.090
17	.637	.132	-.144	-.013	-.026	.072
16	.583	.080	.108	.045	-.031	-.054
因子8 「学習行動」						
10	-.088	.730	-.090	.121	.051	.031
7	-.061	.720	.123	-.082	.020	-.042
8	-.004	.719	.042	-.003	-.061	.059
9	.219	.538	.104	.026	-.049	-.095
11	.245	.496	-.111	-.047	.093	.095
5	.203	.416	.168	.055	-.053	-.027
因子9 「理解度」						
6	-.021	.022	.861	-.068	-.001	-.012
4	-.013	.049	.798	.003	.063	.026
1	-.075	.050	.484	.110	.004	.356
因子10 「有用感」						
32	-.012	.035	-.136	.809	-.006	-.003
30	.165	-.096	.003	.801	.057	.021
31	-.126	.100	.097	.781	-.045	-.047
因子11 「教師支援」						
20	.020	-.153	.079	.023	.918	-.063
19	-.081	.280	-.071	-.023	.636	-.012
18	.086	-.018	.037	-.015	.534	.113
因子12 「好感度」						
2	.063	-.032	-.066	-.018	.022	.997
3	-.027	.077	.208	-.031	-.040	.558
因子8	.67	—				
因子9	.39	.66	—			
因子10	.33	.28	.21	—		
因子11	.41	.44	.33	.20	—	
因子12	.25	.44	.49	.29	.20	—
α係数	.85	.85	.84	.84	.74	.78

表1-4 「主体的・対話的で深い学び」の因子分析

番号	因子13	因子14	因子15
因子13 「深い学び」			
29	.942	.013	-.139
28	.865	-.037	-.012
23	.603	-.134	.304
27	.592	.063	.123
因子14 「対話的な学び」			
26	-.178	.754	-.007
25	.192	.695	-.026
24	.167	.405	.193
因子15 「主体的な学び」			
22	.127	.004	.742
21	-.013	-.028	.646
因子14	.51	—	
因子15	.76	.49	—
α係数	.87	.70	.68

広げようとしない方だった」「25. 科学的探究の場面では，グループ内の意見交換によって，自分の考えをより良くしようとする方だった」という項目が含まれていることから，「対話的な学び」と命名した。
・因子 15 は，「22. 自分の学習活動を振り返り，次の学びにつなげようとする方だった」「21. 理科の学習に対して積極的に取り組む方だった」という 2 項目で構成されていることから，「主体的な学び」と命名した。

第 3 節　「主体的・対話的で深い学び」に影響を及ぼす因子間の関連

　まず，抽出された 15 因子における相関分析の結果，105 の因子間すべてにおいて有意な正の相関が認められた（表 1-5）。その中で，「因子 13：深い学び」と「因子 15：主体的学び」（$r = .86$, $p < .01$）に最も強い正の相関が示された。次いで，「因子 7：批判的思考」と「因子 8：学習行動」（$r = .75$, $p < .01$），「因子 8：学習行動」と「因子 9：理解度」（$r = .75$, $p < .01$）に強い正の相関が示された。

　次に，「理科に対する興味」が「媒介要因」と「主体的・対話的で深い学び」に及ぼす影響を検討するために，「理科に対する興味」の 6 因子を独立変数，「媒介要因」の 6 因子，「主体的・対話的で深い学び」の 3 因子を従属変数とした重回帰分析（強制投入法）を行った。その結果，「因子 1：実験体験型」が「因子 12：好感度」に，「因子 3：日常関連型」が「因子 10：有用感」に，「因子 4：思考活性型」が「因子 7：批判的思考」「因子 8：学習行動」および「因子 10：有用感」に，「因子 5：驚き発見型」が「因子 7：批判的思考」と「因子 11：教師支援」にそれぞれ影響を及ぼしていることが示された（表 1-6）。また，「因子 4：思考活性型」が「因子 13：深い学び」「因子 14：対話的な学び」および「因子 15：主体的な学び」に，「因子 5：驚き発見型」が「因子 14：対話的な学び」にそれぞれ影響を及ぼしていることが示された（表 1-7）。

　最後に，「媒介要因」が「主体的・対話的で深い学び」に及ぼす影響を検討するために，「媒介要因」の 6 因子を独立変数，「主体的・対話的で深い学び」

の3因子を従属変数とした重回帰分析（強制投入法）を行った。その結果，「因子7：批判的思考」が「因子13：深い学び」「因子14：対話的な学び」および「因子15：主体的な学び」に，「因子8：学習行動」が「因子13：深い学び」と「因子15：主体的な学び」に，「因子9：理解度」が「因子15：主体

表 1-5　15 因子における相関分析（Pearson の積率相関係数）

	因子1	因子2	因子3	因子4	因子5	因子6	因子7	因子8	因子9	因子10	因子11	因子12	因子13	因子14	因子15
因子1	–														
因子2	.38**	–													
因子3	.18**	.51**	–												
因子4	.49**	.69**	.54**	–											
因子5	.43**	.49**	.51**	.69**	–										
因子6	.50**	.70**	.53**	.74**	.66**	–									
因子7	.26**	.33**	.21**	.50**	.44**	.36**	–								
因子8	.27**	.39**	.22**	.51**	.38**	.42**	.75**	–							
因子9	.14**	.26**	.16**	.25**	.18**	.27**	.45**	.75**	–						
因子10	.25**	.46**	.70**	.55**	.47**	.53**	.38**	.33**	.24**	–					
因子11	.22**	.23**	.14**	.23**	.29**	.28**	.47**	.50**	.39**	.24**	–				
因子12	.47**	.29**	.20**	.27**	.28**	.32**	.29**	.48**	.53**	.32**	.23**	–			
因子13	.30**	.28**	.20**	.50**	.37**	.34**	.71**	.73**	.50**	.34**	.45**	.30**	–		
因子14	.27**	.28**	.17**	.42**	.41**	.32**	.56**	.48**	.29**	.29**	.38**	.21**	.60**	–	
因子15	.33**	.32**	.22**	.47**	.36**	.37**	.68**	.71**	.57**	.35**	.49**	.34**	.86**	.60**	–

注）**$p < .01$（両側検定）

表 1-6　「理科に対する興味」を独立変数，「媒介要因」を従属変数とした重回帰分析

	因子7	因子8	因子9	因子10	因子11	因子12
因子1	−.008	−.013	−.008	.012	.084	.441***
因子2	.017	.090	.115	−.037	.069	.133
因子3	.119	−.117	−.008	.551***	−.053	.088
因子4	.448***	.416***	.098	.188*	−.079	−.157
因子5	.223*	.059	−.033	−.014	.219*	.064
因子6	−.063	.077	.146	.125	.133	.029
調整済 R^2	.257***	.250***	.060**	.519***	.085***	.228***

注）数値は標準偏回帰係数（β）である。***$p < .001$, **$p < .01$, *$p < .05$

表1-7　「理科に対する興味」を独立変数，「主体的・対話的で深い学び」を従属変数とした重回帰分析

	因子13	因子14	因子15
因子1	.072	.051	.104
因子2	−.083	.035	−.007
因子3	−.079	−.124	−.059
因子4	.544***	.277*	.400***
因子5	.081	.277**	.061
因子6	−.052	−.050	.022
調整済 R^2	.245***	.194***	.217***

注）数値は標準偏回帰係数（β）である。***p<.001，**p<.01，*p<.05

表1-8　「媒介要因」を独立変数，「主体的・対話的で深い学び」を従属変数とした重回帰分析

	因子13	因子14	因子15
因子7	.339***	.398***	.308***
因子8	.444***	.117***	.274**
因子9	−.006	−.051	.170*
因子10	.065	.081	.082
因子11	.060	.130*	.133*
因子12	−.039	.015	−.030
調整済 R^2	.587***	.322***	.573***

注）数値は標準偏回帰係数（β）である。***p<.001，**p<.01，*p<.05

的な学び」に，「因子11：教師支援」が「因子14：対話的な学び」と「因子15：主体的な学び」にそれぞれ影響を及ぼしていることが示された（表1-8）。

第4節　パス図の作成とパス解析

　重回帰分析の結果を踏まえ，「理科に対する興味」の6因子が，「媒介要因」を経由し，「主体的・対話的で深い学び」に影響を及ぼすという因果モデルを検討した。具体的には，Amos25.0を用いてパス解析を行い，因果関係の構造の妥当性や相互に及ぼし合う影響の大きさを分析した。分析には尺度得点を，パラメータの推定には最尤法（さいゆう）を用いて，5％水準で有意とならなかったパスを消去しながら繰り返し分析を行った結果，最終的に図1-1に示す因果モデルが得られた。本因果モデルの適合度を検討したところ，$\chi^2(33)=175.20$（p=.00），GFI=.90，AGFI=.81，CFI=.91，RMSEA=.14であった。RMSEAの値はやや高いが，全体として許容できる範囲であると判断した。また，本因果モデルから，以下に示す5つの示唆が得られた。（　）内の数字はパス係数を示す。

① 「理科に対する興味」を構成する6因子は，すべて共変動の関係にある（表1-9）。

② 「因子4：思考活性型」と「因子5：驚き発見型」は，「因子7：批判的思考」「因子8：学習行動」および「因子14：対話的な学び」に直接的な影響を及ぼす因果モデルの初発の段階に位置している。

③ 「因子7：批判的思考」は，「因子4：思考活性型」（.42）から影響を受け，「因子15：主体的な学び」（.32），「因子14：対話的な学び」（.44）および「因子13：深い学び」（.37）に直接的な影響を及ぼしている。

④ 「因子8：学習行動」は，「因子4：思考活性型」（.43）から影響を受け，「因子15：主体的な学び」（.33）と「因子13：深い学び」（.32）に直接的な影響を及ぼしている。

⑤ 「因子14：対話的な学び」は，「因子5：驚き発見型」（.12）から直接的な

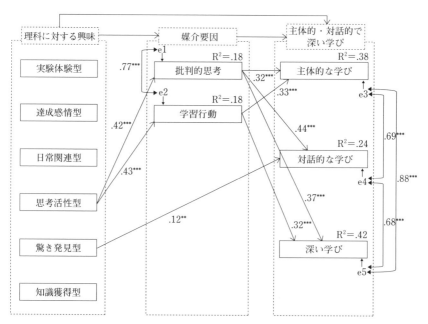

注）矢印はパス（数値は標準化推定値），R²は重相関係数の平方，e1〜5は誤差変数を示す。
　　＊＊＊ $p < .001$，＊＊ $p < .01$

図 1-1　得られた因果モデル

表 1-9　「理科に対する興味」を構成する 6 因子間の相関

理科に対する興味	相関
実験体験型・達成感情型	.38 ***
実験体験型・日常関連型	.18 **
実験体験型・思考活性型	.49 ***
実験体験型・驚き発見型	.43 ***
実験体験型・知識獲得型	.50 ***
達成感情型・日常関連型	.51 ***
達成感情型・思考活性型	.69 ***
達成感情型・驚き発見型	.49 ***
達成感情型・知識獲得型	.69 ***
日常関連型・思考活性型	.54 ***
日常関連型・驚き発見型	.51 ***
日常関連型・知識獲得型	.53 ***
思考活性型・驚き発見型	.69 ***
思考活性型・知識獲得型	.74 ***
驚き発見型・知識獲得型	.66 ***

注）***$p<.001$，**$p<.01$

　影響を受けている。
　これらの示唆から，「理科に対する興味」（「因子 4：思考活性型」「因子 5：驚き発見型」）が，「媒介要因」（「因子 7：批判的思考」「因子 8：学習行動」）を経由し，「主体的・対話的で深い学び」（「因子 13：深い学び」「因子 14：対話的な学び」「因子 15：主体的な学び」）に直接的，間接的な影響を及ぼしていることが明らかとなった。

第 5 節　「主体的・対話的で深い学び」に影響を及ぼす要因の構造（パス図）から得られる示唆

　表 1-5 に示した通り，「理科に対する興味」「媒介要因」および「主体的・対話的で深い学び」を構成している 15 因子を分析すると，すべての因子間において有意な正の相関関係が見られた。これは，因子同士が有機的に関連し

ているだけでなく，１つの因子を強化すると他の因子も向上するといった相互
依存の可能性を示すという山田（2017）の研究と一致する。「主体的・対話的
で深い学び」そのものは把握が難しい概念であるが，「理科に対する興味」や
「媒介要因」はある程度の可視化が可能であり，教師の介入を具体的に考えや
すい。図1-1に示した因果モデルより，「主体的・対話的で深い学び」の実現
に向けて，「因子７：批判的思考」と「因子８：学習行動」が直接的影響を及ぼ
していることから，これら２因子を活性化させるような指導法が必要であると
考えられる。

　併せて，これら２因子は，いずれも「理科に対する興味」の中の「思考活
性型」から直接的影響を受けていることから，理科授業の導入段階における
事象提示において，「なぜ？」という疑問や，「あれ？不思議だ」という知的好
奇心，「楽しそう，面白そう」という興味や関心を喚起させるだけでは，「因子
７：批判的思考」や「因子８：学習行動」といった認知的活動の促進は困難で
あることが統計的に明らかとなった。事象提示について玉木（2016）は，子
供が問題に出会う場面であると同時に，子供が抱いた「なぜ」という疑問や知
的好奇心が教師の働きかけによって科学的に解決可能な問題へと発展する場面
でもあると述べている。このような教師の介入が，「主体的・対話的で深い学
び」の実現に向けた授業づくりには欠かせない要件であると考えられる。

おわりに

　本章では，初等教員養成課程学生を対象とした質問紙調査の結果に基づい
て，「理科に対する興味」が「媒介要因」を経由し，「主体的・対話的で深い学
び」に影響を及ぼすという因果モデルを仮定し，その妥当性について検討す
ることを目的とした。その結果，「理科に対する興味」（「因子４：思考活性型」
「因子５：驚き発見型」）が，「媒介要因」（「因子７：批判的思考」「因子８：学
習行動」）を経由し，「主体的・対話的で深い学び」（「因子13：深い学び」「因
子14：対話的な学び」「因子15：主体的な学び」）に直接的，間接的な影響を
及ぼしていることが明らかとなった。

　これは，理科授業において，教師が驚きと発見のある事象や，思考を活性化させる事象の提示を工夫することで，学習者の興味が喚起されるとともに，「批判的思考」と「学習行動」が向上し，結果的に「主体的・対話的で深い学び」の実現につながることを示唆するものである。

　これまで述べてきたように，本章により得られた知見は，「主体的・対話的で深い学び」の実現に向けた授業の工夫や指導法などを充実させていく必要があるという学習指導要領の方向性と一致し，理科授業において，「主体的・対話的で深い学び」を成立させるためには，「理科に対する興味」を喚起するとともに，「批判的思考」と「学習行動」の向上を促す指導の可能性を裏付ける根拠と示唆を得ることができた。これらの示唆によって，学校現場の「主体的・対話的で深い学び」に関する授業研究では，具体的な指導方略の観点から実証的に検討することも期待される。

引用文献

1)　中央教育審議会（2016）『幼稚園，小学校，中学校，高等学校及び特別支援学校の学習指導要領等の改善及び必要な方策等について（答申）』49-50。

2)　原田勇希・三浦雅美・鈴木誠（2018）「高い制度的利用価値の認知は理科における『主体的・対話的で深い学び』に貢献しうるか」『科学教育研究』第42巻，第3号，164-176。

3)　Hidi,S.（1990）. Interest and its contribution as a mental resource for learning. Review of Educational Research, 60（4）, 549-571.

4)　伊藤崇達（2008）「『自ら学ぶ力』を育てる方略—自己調整学習の観点から—」『BERD』第13号，14-18。

5)　木下博義・松浦拓也・角屋重樹（2007）「観察実験活動における小学生のメタ認知育成に関する実践的研究—第5学年『物のとけ方』を例に—」『理科教育学研究』第48巻，第1号，21-33。

6)　北村剛志・森田愛子・松田文子（2002）「児童の算数学習への意欲と関連要因」『広島大学心理学研究』第2号，109-117。

7)　高垣マユミ・田爪宏二・中西良文・波巌・佐々木昭弘（2009）「理科授業における動機づけ機能を組み込んだ教授方略の効果—小学理科『水溶液の性質』の事例を通して—」『教育心理学研究』第57巻，第2号，223-236。

8)　髙見健太・木下博義（2017）「他者との関りを通じて批判的思考を働かせるための理科学習指導法の開発と評価—中学校理科『化学変化』の単元における授業実践を通して—」『理

科教育学研究』第 58 巻，第 1 号，27-40。

9)　玉木政彦（2016）「小学校理科の観察・実験における事象提示の在り方とその効果に関する研究 ― 科学的な問題解決の過程につなげるために ― 」『上越教育大学大学院学校教育研究科修士論文』57。

10)　田中瑛津子（2015）「理科に対する興味の分類 ― 意味理解方略と学習行動との関連に着目して ― 」『教育心理学研究』第 63 巻，第 1 号，23-36。

11)　山田貴之（2017）「中学校理科授業における生徒の主体的な学びを構成する諸要因の因果モデル」『科学教育研究』第 41 巻，第 3 号，361-372。

付記

　　本章は『理科教育学研究』第 60 巻，第 3 号（2020）に掲載された「理科に対する興味が主体的・対話的で深い学びに及ぼす影響 ― 初等教員養成課程学生を対象として ― 」を書き直したものである。

第 2 章

「探究の技能」に基づく観察・実験等の類型化と
その探究的特徴
― 小学校理科教科書の分析を通して ―

　は じ め に

　小学校学習指導要領（平成 29 年告示）解説理科編（文部科学省，2018a）では，従前と同様に，科学的に問題を解決する過程が重視され，問題解決の力を育成するために欠かせない学習として位置付けられている。こうした理念を理科授業として具現化・実践している小学校教員を対象にアンケート調査を行った藤田（2013）は，小学校教員は「予想や仮説を実験で確かめさせる」「予想や仮説を立てさせる」「観察・実験の結果を記録させる」といった探究的な学習活動を重視していることを報告している。しかしながら，今田・小林（2004）が，理科教員が科学的に問題解決する能力をプロセス・スキルズ[1]として捉え，その育成に力を入れている一方で，生徒への定着が感じられていない傾向があると述べているように，効果的に問題解決の力の育成を行えていない可能性がある。

　また，我が国の小学校で理科を教える教員の約 5 割は理科の指導を「苦手」または「やや苦手」と感じ，約 7 割は理科の指導法についての知識・技能が「低い」または「やや低い」と感じている（科学技術振興機構理科教育支援センター，2009）。加えて，藤田（2013）では，小学校教員が難しいと感じている学習内容として，「発電と蓄電」「物質の質量と体積」「導体と絶縁体・回路の作り方」「月と太陽の位置・月の満ち欠け」「土地のつくりと地層」が挙げられ，生物分野よりも物理や地学分野の学習指導を苦手としていることが明らか

にされている。

　それでは，小学校教員のエネルギー，粒子，生命，地球といった各領域および各観察・実験等における探究的特徴の理解を促進し，問題解決の力の育成に向けた探究的な学習を具現するためには，どうすればよいのだろうか。前出の藤田（2013）によると，優れた理科教師に求められる力量としては，特に理科の学習指導・授業作りの力，教材解釈の力が重要であるとしている。吉山・小林（2011）は，教員自身が効果的な探究能力を育成できない原因として，各観察・実験等がどのようなプロセス・スキルズを含み，どのような探究能力を育成できるのかといった視点をもっていないことにあるとしている。このことから，教材として小学校理科教科書に取り上げられている全観察・実験等において，それぞれの探究的特徴を解釈するとともに，観察・実験を通して，どのような科学的な問題解決の力を育成できるのかを分析・分類するといった観点での，より詳細な知見が望まれる。

　ところで，プロセス・スキルズの観点から小学校理科教科書に掲載されている観察・実験等について分析・分類を行った吉山・小松・稲田・小林（2012）は，プロセス・スキルズの傾向によって4群に類型化できることを明らかにしている。さらに，観察・実験等の類型化は，教員が児童に課す観察・実験等に含まれるプロセス・スキルズを意識化することで，各学年の問題解決の力の育成をより効果的に行うことが期待できると述べている。

　さらに，長谷川ら（2013）は，吉山ら（2012）を参考に，プロセス・スキルズを精選・統合し，我が国の理科教育に即した「探究の技能」を開発するとともに（表2-1），小中学校の理科教科書3社（X社，Y社，Z社）に掲載されている観察・実験等について，「探究の技能」が含まれている割合と傾向から類型化し，その探究的特徴を明らかにしている。しかしながら，吉山ら（2012）および長谷川ら（2013）は，いずれも小学校学習指導要領（文部科学省，2008a）に準拠して作成された2010年検定済理科教科書に掲載されている観察・実験等を調査分析対象としており，小学校学習指導要領（平成29年告示）（文部科学省，2018b）の理念が反映されたものではない。

　従来，理科では資質・能力を包括する「科学的な見方や考え方」を育成する

ことが重要な目標として位置付けられてきたが，今回の改訂において，「理科の見方・考え方」は資質・能力を育成する過程で児童が働かせる「物事を捉える視点や考え方」であり，理科を学ぶ本質的な意義や中核をなすものとして整理された（文部科学省，2018a）。このように，「理科の見方・考え方」が，自然の事物・現象から問題を見いだし，予想や仮説を設定したり，その解決方法を考えたりする問題解決の過程で働かせる「物事を捉える視点や考え方」として捉え直されたことにより，小学校学習指導要領（平成29年告示）（文部科学省，2018b）準拠の理科教科書に掲載されている観察・実験等の記述の仕方に変化がもたらされた可能性があるため，追試研究を行う必要があると考えた。

　そこで本章では，長谷川ら（2013）が調査した3社の中から，Y社の2019年検定済小学校理科教科書[2]に掲載されている全観察・実験等[3]を対象に，「探究の技能」の含有率の傾向から類型化し，各クラスターの探究的特徴を解釈することを第一の目的とした。さらに，各クラスターの探究的特徴に基づき，各学年の観察・実験等の傾向を分析し，指導上の留意点を示唆することを第二の目的とした。これらから得られる知見は，従前と同様に，問題解決の過程を通した学習が重視されている小学校理科授業の改善へのヒントを示すことになることが期待される。

第1節　小学校理科教科書に掲載されている観察・実験等の分析方法

1－1　調査対象

　Y社の2019年検定済小学校理科教科書（以下，教科書と表記）に掲載されている全観察・実験等を調査対象とした（表2-2～表2-5）。

1－2　教科書に掲載されている観察・実験等の集計

　教科書に含まれる全観察・実験等を領域（エネルギー，粒子，生命，地球），学年および種類（観察，実験，調べる）で区分し，その数を集計した。

表2-1 長谷川ら（2013）が開発した「探究の技能」一覧表

1 事象を理解・把握するために観察する技能（実験の技能）
1-1：五感を通して得た事象のようすや性質等を記録する
1-2：数値を用いて観察したことを記録する
1-3：観察した事象の変化のようすや変化の特徴を記録する
1-4：立体や平面の図を使用して観察した事象を記録する
1-5：事物の構造や位置関係の特徴を記録する
1-6：事象を空間的に捉え平面的に記録する

2 分類の基準に基づいて分類する技能（実験の技能）
2-1：分類する観点・基準（操作的定義なども含む）に基づいて識別する
2-2：分類する基準をもとに事象を階層的に比較したり識別したりする

3 観察・実験のための仮説を立てる技能（科学的な思考・表現の技能）
3-1：観察した事象から生じた疑問や問題を特定する
3-2：予想や仮説を立てる
3-3：仮説を立てた根拠を示す
3-4：予想や仮説を確かめる実験の計画を立てる
3-5：実験において独立変数を変化させると従属変数がどのように変化していくかについて予想する
3-6：観察・実験の結果の考察に基づいて，予想や仮説の支持・不支持を明らかにして，必要に応じて予想や仮説を修正する

4 観察・実験で変数を制御する技能（実験の技能）
4-1：事象の変化に影響を及ぼす可能性のある独立変数や従属変数を指摘する
4-2：実験において変化させる独立変数と一定に保つ独立変数を設定する
4-3：観察・実験の目的に応じて従属変数等を適切な言葉で操作的に定義する

5 観察・実験で測定する技能（実験の技能）
5-1：測定の目的に応じて適切な計測器を使用する
5-2：最小目盛りに着目して正確に数値を読み取る
5-3：測定値から目的に応じて物理量を計算で求める
5-4：長さ，面積，体積，質量などの量を見積もったり，測定器具の秤量・感量および測定誤差を考慮して意味のある測定値（有効数字）を示したりできる
5-5：相対的な位置や物の大きさをスケールを示して図示する

6 データを解釈する技能（科学的な思考・表現の技能）
6-1：表やグラフから縦軸と横軸を関係付けて読み取る
6-2：測定値の分布，平均値，度数分布等から事象の変化の特徴を読み取る
6-3：グラフから読み取った事象の変化の傾向に基づき今後の変化を予測する
6-4：観察した事柄や実験の結果についてモデルを使って考察する
6-5：観察・実験の結果について観点を決めて表にまとめる
6-6：測定結果等をグラフで示す

7 要因の抽出や観察・実験結果について推論する技能（科学的な思考・表現の技能）
7-1：事象の変化に及ぼす要因を経験・直感等からアブダクション的推論によって推測し，結果を予測する
7-2：観察の結果や測定結果を帰納的に思考して規則性や共通性を導く
7-3：原理や法則，規則性を前提として事象について演繹的に思考して結論を導く

1－3　「探究の技能」の分析

　教科書に掲載されている全観察・実験等と，「探究の技能」の下位技能を一覧表（表2-1）にし，教科書の記述を基に，個々の下位技能を含んでいるか否かを検討した。具体的には，下位技能が含まれている場合は1，含まれていない場合は0として得点化した。

1－4　クラスター分析

　「探究の技能」における下位技能の得点（含まれていれば1，含まれていなければ0）を独立変数に用いて，Ward法による階層クラスター分析を行い，「探究の技能」の下位技能によって全観察・実験等をいくつかの群に分けることを試みた。各データの距離の算出には平方ユークリッド距離を使用した。

1－5　各クラスターに含まれる観察・実験等の傾向

　各クラスターにおいて，どの領域の観察・実験等の占める割合が多いかを検討するために，クラスターを独立変数，領域や学年を従属変数としてχ^2検定および残差分析を行った。

1－6　クラスター内「探究の技能」含有率の算出

　図2-1に示した「クラスター内『探究の技能』含有率の算出方法」（長谷川ら，2013）を基に，「そのクラスターにおけるある下位技能を含む観察・実験等の数」を，「そのクラスターに属する観察・実験等の総数」で割った値（百分率）を算出し，それぞれグラフ化した。

$$\text{クラスター内「探究の技能」含有率 (\%)} = \frac{\text{そのクラスターにおけるある下位技能を含む観察・実験等の数}}{\text{そのクラスターに属する観察・実験等の総数}} \times 100$$

図2-1　クラスター内「探究の技能」含有率の算出方法
（長谷川ら，2013より転載）

第2節 小学校理科教科書に掲載されている観察・実験等の分析結果

2−1 教科書に掲載されている観察・実験等の集計

　教科書に掲載されている観察・実験等の一覧を学年ごとに示す（表2-2〜表2-5）。各表中の番号は，第3学年の初発の単元から第6学年の最終の単元まで順に割り当てた。さらに，教科書に掲載されている領域別，学年別，種類別の観察・実験等の数を表2-6〜表2-8に示す。表2-2〜表2-8に示したように，教科書に掲載されている観察・実験等の数は132であった。領域別ではエネルギーが32，粒子が29，生命が43，地球が28であり，領域間に有意な差は見られなかった（$\chi^2(3) = 4.30$, *n.s.*）。学年別では第3学年が35，第4学年が38，第5学年が27，第6学年が32であり，学年間に有意な差は見られなかった（$\chi^2(3) = 2.00$, *n.s.*）。観察・実験等の種類別では観察が46，実験が78，調べるが8であり，有意な差が認められた（$\chi^2(2) = 55.82$, $p < .01$）。残差分析の結果，実験が観察や調べるよりも有意に多いこと，観察が調べるよりも有意に多いことが示された。

2−2 「探究の技能」の分析

　一連の分析・解釈は理教育学研究者4名，理科教育学を専門とする大学院生3名と大学生1名で行った。大学院生3名のうちの2名は教職経験が15年以上の経験豊富な教員である。

　まず，筆者（理科教育学研究者）と大学院生がそれぞれ独立して，第3学年の初発の単元「しぜんのかんさつ」から第6学年の最終単元「電気と私たちの生活」までの観察・実験等を教科書に掲載されている順に，「探究の技能」の下位技能が含まれているか否か検討した。具体的には，4学年分の全観察・実験等の数は132，「探究の技能」の下位技能は31であることから，計4,092について検討し，下位技能が含まれていれば1，含まれていなければ0として得点化した。4,092のうち，両者の一致数は3,893であった（一致率95.1%）。次

に，両者で複数回の協議を重ね，分析・解釈の不一致点をすべて解消した後，その結果を大学生が教科書掲載順に学年ごとの一覧表に整理した。そして，整理した一覧表の妥当性について，大学院生 3 名がそれぞれ独立して分析・解釈を行い，その解釈に関して適宜，筆者と討議し，不一致点をすべて解消した。さらに，修正後の一覧表の妥当性について，理科教育学研究者 3 名がそれぞれ独立して分析・解釈を行い，その解釈に関して適宜，筆者と討議し，不一致点をすべて解消した。最後に，これまでの討議結果を踏まえ，再度，筆者と大学院生で協議を積み重ね，不一致点をすべて解消するとともに，最終的に導き出した分析結果を筆者が教科書掲載順に学年ごとの一覧表に整理した。

2－3　クラスター分析

　階層クラスター分析を行い，解釈の可能性から 6 つのクラスターを得た（図 2-2）。点線はクラスターを判断する境界線である。D クラスターと E クラスターが類似した傾向を示し，さらにそれらと近い傾向をもつものが B クラスターであった。また，F クラスターと A クラスターが類似した傾向を示し，D，E，B，F，A と大きく異なるクラスターとして C クラスターが得られた。本章では，図 2-2 のクラスター結合距離に従い，B，D，E，F，A，C クラスターの順に述べていく。各クラスターに含まれる観察・実験等の一覧を表 2-9 ～表 2-12 に示す。B クラスターは 29，D クラスターは 21，E クラスターは 25，F クラスターは 8，A クラスターは 21，C クラスターは 28 の観察・実験等が含まれていた。

2－4　各クラスターに含まれる観察・実験等の傾向

　まず，各クラスターを独立変数，領域を従属変数として χ^2 検定および残差分析を行った（表 2-13）。その結果，クラスターごとの各領域に含まれる観察・実験等の数の割合の偏りは有意であった（$\chi^2(15) = 49.12$, $p < .01$）。また，残差分析の結果，B クラスターでは生命領域の観察・実験等が有意に少なかった。D クラスターでは粒子領域の観察・実験等が有意に少なかった。E クラスターでは有意に多いまたは少ない領域は見られなかった。F クラスターで

表 2-2 第 3 学年の教科書に掲載されている観察・実験等

	単元	領域	種類	観察・実験名	番号
1	しぜんのかんさつ	生命	観察	身の回りの生き物を調べる	1
2	植物を育てよう	生命	観察	めが出た様子を調べる	2
			観察	植物の育ち方を調べる	3
3	かげと太陽	地球	観察	かげの向きと太陽の見える方向について調べる	4
			観察	かげの動きから，太陽の動きを調べる	5
			観察	日なたと日かげの地面の温度をくらべる	6
○	ぐんぐんのびろ	生命	観察	植物の育ち方を調べる	7
			観察	植物のからだのつくりを調べる	8
4	チョウを育てよう	生命	観察	モンシロチョウのたまごを調べる	9
			観察	たまごからかえったよう虫を調べる	10
			観察	よう虫の育ち方を調べる	11
			観察	さなぎを調べる	12
			観察	コオロギやトンボの育ち方を調べる	13
			観察	チョウの成虫のからだのつくりを調べる	14
○	花がさいた	生命	観察	植物の育ち方を調べる	15
5	こん虫を調べよう	生命	観察	生き物のすみかを調べる	16
			観察	からだのつくりを調べる	17
○	実ができるころ	生命	観察	植物の育ち方を調べる	18
6	音をつたえよう	エネルギー	実験	音が出ているときの，ものの様子を調べる	19
			実験	糸電話の音のつたわり方を調べる	20
7	光を調べよう	エネルギー	実験	日光の進み方を調べる	21
			実験	はね返した日光を1つのまとに集めて調べる	22
			実験	虫めがねを使って日光の集まり方を調べる	23
8	風のはたらき	エネルギー	実験	風の強さをかえて，風車の回る様子を調べる	24
			実験	風の強さによって，ものを持ち上げる力がかわるか調べる	25
9	ゴムのはたらき	エネルギー	実験	ゴムののびの長さをかえて，車の走るきょりを調べる	26
			実験	車の走るきょりを，ゴムをのばす長さでコントロールできるか調べる	27
10	明かりをつけよう	エネルギー	実験	豆電球に明かりがつくつなぎ方とつかないつなぎ方を調べる	28
			実験	電気を通すものを調べる	29
11	じしゃくのひみつ	エネルギー	実験	じしゃくに引きつけられるものを調べる	30
			実験	じしゃくが鉄を引きつける力はどの部分が強いか調べる	31
			実験	じしゃくのきょくのせいしつを調べる	32
			実験	くぎがじしゃくになっているか調べる	33
12	ものの重さを調べよう	粒子	実験	ねん土のおき方や形をかえて，重さを調べる	34
			実験	ものを同じ体せきにして，重さをくらべる	35

表2-3　第4学年の教科書に掲載されている観察・実験等

	単元	領域	種類	観察・実験名	番号
1	季節と生き物の様子	生命	観察	植物の育ち方を調べる	36
			観察	動物の活動の様子を調べる	37
2	1日の気温と天気	地球	観察	晴れの日の1日の気温の変化を調べる	38
			観察	雨の日の1日の気温の変化を調べる	39
3	空気と水	粒子	実験	つつにとじこめた空気の体積を調べる	40
			実験	とじこめた水と空気をくらべる	41
4	電気のはたらき	エネルギー	実験	かん電池の＋極と－極を入れかえ，モーターの回る向きを調べる	42
			実験	2このかん電池を使って，モーターを回す	43
			実験	かん電池の直列つなぎとへい列つなぎで，回路を流れる電流の大きさを調べる	44
5	雨水の流れ	地球	観察	地面のかたむきと水の流れを調べる	45
			実験	土のつぶの水のしみこみ方を調べる	46
○	暑い季節	生命	観察	植物の育ち方を調べる	47
			観察	動物の活動の様子を調べる	48
○	夏の星	地球	観察	星の明るさや色をくらべる	49
6	月と星	地球	観察	朝見える月の動きを調べる	50
			観察	星の動きを調べる	51
			観察	午後の月の動きを調べる	52
○	すずしくなると	生命	観察	動物の活動の様子を調べる	53
			観察	植物の育ち方を調べる	54
7	自然の中の水	地球	実験	水のゆくえを調べる	55
			実験	空気中の水じょう気を調べる	56
8	水の3つのすがた	粒子	実験	水を熱したときの変化を調べる	57
			実験	ふっとうした水から出るあわを調べる	58
			実験	水がこおる様子を調べる	59
9	ものの体積と温度	粒子	実験	温度による空気の体積の変化を調べる	60
			実験	温度による水の体積の変化を調べる	61
			実験	水の体積のわずかな変化を調べる	62
			実験	温度による金ぞくの体積の変化を調べる	63
			実験	金ぞくの体積のわずかな変化を調べる	64
○	冬の星	地球	観察	冬の星の動きを調べる	65
○	寒さの中でも	生命	観察	動物の活動の様子を調べる	66
			観察	植物の育ち方を調べる	67
10	ものの温まり方	粒子	実験	金ぞくの温まり方を調べる	68
			実験	試験管に入れた水の温まり方を調べる	69
			実験	ビーカーに入れた水の温まり方を調べる	70
			実験	部屋の中の温度を調べる	71
11	人の体のつくりと運動	生命	観察	うでや手のつくりを調べる	72
			観察	うでが曲がる様子を調べる	73

表 2-4　第 5 学年の教科書に掲載されている観察・実験等

単元	領域	種類	観察・実験名	番号
1　ふりこの運動	エネルギー	実験	ふりこのふれはばを変え，ふりこが 1 往復する時間を調べる	74
		実験	条件を変えて，ふりこが 1 往復する時間を調べる	75
2　種子の発芽と成長	生命	実験	種子が発芽する条件を調べる	76
		観察	種子の中のつくりを調べる	77
		実験	種子や子葉にふくまれているものを調べる	78
		実験	インゲンマメが成長する条件を調べる	79
3　魚のたんじょう	生命	観察	メダカのたまごが育つ様子を観察する	80
○　台風の接近	地球	調べる	台風の動きと天気の変化を調べる	81
		調べる	台風による災害を調べる	82
4　実や種子のでき方	生命	観察	花のつくりを調べる	83
		観察	めしべとおしべの特ちょうを調べる	84
		実験	花粉のはたらきを調べる	85
5　雲と天気の変化	地球	観察	雲の様子の変化と，天気の関係について調べる	86
		調べる	気象情報をもとに，天気は予想できるか調べる。	87
6　流れる水のはたらき	地球	調べる	川の流れや川原の様子を調べる	88
		実験	流れる水のはたらきを調べる（方法 1 － 土山で調べる）	89
		実験	流れる水のはたらきを調べる（方法 2 － 流水実験そう置で調べる）	90
		実験	流れる水のはたらきで，石の形が変わるか調べる	91
7　電流のはたらき	エネルギー	実験	電磁石には，どのような性質があるか調べる	92
		実験	電流の大きさを変えると，電磁石の強さはどうなるか調べる	93
		実験	コイルのまき数を変えると，電磁石の強さはどうなるか調べる	94
8　もののとけ方	粒子	実験	ものをとかす前と，とかした後の水溶液の重さを調べる	95
		実験	食塩やミョウバンが水にとける量を調べる	96
		実験	水の量や水温を変えて，食塩やミョウバンのとける量は増えるか調べる	97
		実験	水溶液に溶けているミョウバンや食塩を取り出す	98
9　人のたんじょう	生命	調べる	人のたんじょうについて調べる	99
		調べる	たい児が養分を得ている方法について調べる	100

表2-5　第6学年の教科書に掲載されている観察・実験等

単元	領域	種類	観察・実験名	番号
1 ものの燃え方と空気	粒子	実験	集気びんの中で，ろうそくが燃え続けるにはどうすればよいか調べる	101
		実験	ろうそくが燃える前と燃えた後の空気では，何がちがうのか調べる	102
		実験	ろうそくが燃える前と燃えた後の空気では，酸素と二酸化炭素の体積の割合はどうなっているか調べる	103
		実験	空気中の気体の中で，物を燃やすはたらきのある気体は何か調べる	104
2 人や動物の体	生命	実験	はき出した空気と吸いこむ空気では，何がちがうのか調べる	105
		実験	でんぷんは，だ液によって変化するか調べる	106
		観察	血液は，体の中のどこを通っているのか調べる	107
3 植物の養分と水	生命	実験	葉に日光が当たると，でんぷんができるか調べる	108
		実験	植物の中の水の通り道を調べる	109
		実験	根から吸い上げられた水が，葉から出ているか調べる	110
4 生物のくらしと環境	生命	観察	水の中の小さな生物を調べる	111
		実験	植物が酸素を出しているか調べる	112
5 てこのしくみとはたらき	エネルギー	実験	支点から力点までのきょりを変えると，手ごたえはどうなるか調べる	113
		実験	支点から作用点までの距離を変えると，手ごたえはどうなるか調べる	114
		実験	てこが水平につり合うとき，どのようなきまりがあるか調べる	115
		実験	くぎぬきを使って，小さな力でくぎをぬくにはどうすればよいか調べる	116
6 月の形と太陽	地球	観察	月の形の変化のしかたと，太陽との関係を調べる	117
		観察	月の形や表面の様子を調べる	118
		実験	月の形が変わって見える理由を調べる	119
7 大地のつくりと変化	地球	観察	化石について調べる	120
		実験	砂やどろなどが，水中でどのようにたい積するか調べる	121
○ 火山の噴火と地震	地球	調べる	火山の噴火や地震による大地の変化を調べる	122
8 水溶液の性質	粒子	実験	水にとけているものを調べる	123
		実験	炭酸水から出てくるあわを調べる	124
		実験	4つの水溶液は，リトマス紙でいくつに仲間分けができるか調べる	125
		実験	塩酸は金属をとかすか調べる	126
		実験	塩酸にとけた金属は，とけた液の中でどうなっているか調べる	127
9 電気と私たちの生活	エネルギー	実験	手回し発電機で，電流の大きさや向きを変えるにはどうすればよいか調べる	128
		実験	光電池で，電流の大きさを変えるにはどうすればよいか調べる	129
		実験	豆電球と発光ダイオードで，電気の使われ方に違いがあるか調べる	130
		実験	電熱線に電流を流すと，発熱するか調べる	131
		調べる	電気製品は，電気をどんなはたらきに変えて利用しているか調べる	132

表2-6 領域別の観察・実験等の数

エネルギー	粒子	生命	地球	合計
32	29	43	28	132

表2-7 学年別の観察・実験等の数

第3学年	第4学年	第5学年	第6学年	合計
35	38	27	32	132

表2-8 種類別の観察・実験等の数

観察	実験	調べる	合計
46	78	8	132

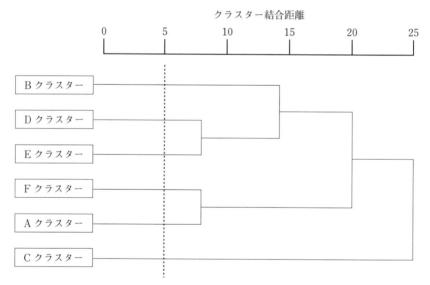

図2-2 クラスター分析により出力されたデンドログラム

表 2-9 B クラスターに属する観察・実験等の内訳

番号	学年	領域	種類	観察・実験名
4	3	地球	観察	かげの向きと太陽の見える方向について調べる
5	3	地球	観察	かげの動きから，太陽の動きを調べる
19	3	エネルギー	実験	音が出ているときの，ものの様子を調べる
20	3	エネルギー	実験	糸電話の音のつたわり方を調べる
24	3	エネルギー	実験	風の強さをかえて，風車の回る様子を調べる
40	4	粒子	実験	つつにとじこめた空気の体積を調べる
42	4	エネルギー	実験	かん電池の＋極と－極を入れかえ，モーターの回る向きを調べる
43	4	エネルギー	実験	2このかん電池を使って，モーターを回す
55	4	地球	実験	水のゆくえを調べる
56	4	地球	実験	空気中の水じょう気を調べる
60	4	粒子	実験	温度による空気の体積の変化を調べる
61	4	粒子	実験	温度による水の体積の変化を調べる
62	4	粒子	実験	水の体積のわずかな変化を調べる
63	4	粒子	実験	温度による金ぞくの体積の変化を調べる
64	4	粒子	実験	金ぞくの体積のわずかな変化を調べる
85	5	生命	実験	花粉のはたらきを調べる
89	5	地球	実験	流れる水のはたらきを調べる（方法1－土山で調べる）
90	5	地球	実験	流れる水のはたらきを調べる（方法2－流水実験そう置で調べる）
91	5	地球	実験	流れる水のはたらきで，石の形が変わるか調べる
92	5	エネルギー	実験	電磁石には，どのような性質があるか調べる
101	6	粒子	実験	集気びんの中で，ろうそくが燃え続けるにはどうすればよいか調べる
106	6	生命	実験	でんぷんは，だ液によって変化するか調べる
108	6	生命	実験	葉に日光が当たると，でんぷんができるか調べる
110	6	生命	実験	根から吸い上げられた水が，葉から出ているか調べる
113	6	エネルギー	実験	支点から力点までのきょりを変えると，手ごたえはどうなるか調べる
114	6	エネルギー	実験	支点から作用点までのきょりを変えると，手ごたえはどうなるか調べる
116	6	エネルギー	実験	くぎぬきを使って，小さな力でくぎをぬくにはどうすればよいか調べる
119	6	地球	実験	月の形が変わって見える理由を調べる
128	6	エネルギー	実験	手回し発電機で，電流の大きさや向きを変えるにはどうすればよいか調べる

表2-10　D，Eクラスターに属する観察・実験等の内訳

番号	学年	領域	種類	観察・実験名
8	3	生命	観察	植物のからだのつくりを調べる
13	3	生命	観察	コオロギやトンボの育ち方を調べる
14	3	生命	観察	チョウの成虫のからだのつくりを調べる
17	3	生命	観察	からだのつくりを調べる
23	3	エネルギー	実験	虫めがねを使って日光の集まり方を調べる
28	3	エネルギー	実験	豆電球に明かりがつくつなぎ方とつかないつなぎ方を調べる
31	3	エネルギー	実験	じしゃくが鉄を引きつける力はどの部分が強いか調べる
32	3	エネルギー	実験	じしゃくのきょくのせいしつを調べる
49	4	地球	観察	星の明るさや色をくらべる
72	4	生命	観察	うでや手のつくりを調べる
73	4	生命	観察	うでが曲がる様子を調べる
77	5	生命	観察	種子の中のつくりを調べる
81	5	地球	調べる	台風の動きと天気の変化を調べる
82	5	地球	調べる	台風による災害を調べる
83	5	生命	観察	花のつくりを調べる
84	5	生命	観察	めしべとおしべの特ちょうを調べる
118	6	地球	観察	月の形や表面の様子を調べる
120	6	地球	観察	化石について調べる
121	6	地球	実験	砂やどろなどが，水中でどのようにたい積するか調べる
122	6	地球	調べる	火山の噴火や地震による大地の変化を調べる
132	6	エネルギー	調べる	電気製品は，電気をどんなはたらきに変えて利用しているか調べる
21	3	エネルギー	実験	日光の進み方を調べる
29	3	エネルギー	実験	電気を通すものを調べる
30	3	エネルギー	実験	じしゃくに引きつけられるものを調べる
33	3	エネルギー	実験	くぎがじしゃくになっているか調べる
46	4	地球	実験	土のつぶの水のしみこみ方を調べる
58	4	粒子	実験	ふっとうした水から出るあわを調べる
78	5	生命	実験	種子や子葉にふくまれているものを調べる
80	5	生命	観察	メダカのたまごが育つ様子を観察する
86	5	地球	観察	雲の様子の変化と，天気の関係について調べる
87	5	地球	調べる	気象情報をもとに，天気は予想できるか調べる
88	5	地球	調べる	川の流れや川原の様子を調べる
98	5	粒子	実験	水溶液に溶けているミョウバンや食塩を取り出す
99	5	生命	調べる	人のたんじょうについて調べる
100	5	生命	調べる	たい児が養分を得ている方法について調べる
102	6	粒子	実験	ろうそくが燃える前と燃えた後の空気では，何がちがうのか調べる
104	6	粒子	実験	空気中の気体の中で，物を燃やすはたらきのある気体は何か調べる
107	6	生命	観察	血液は，体の中のどこを通っているのか調べる
109	6	生命	実験	植物の中の水の通り道を調べる
111	6	生命	観察	水の中の小さな生物を調べる
123	6	粒子	実験	水にとけているものを調べる
124	6	粒子	実験	炭酸水から出てくるあわを調べる
125	6	粒子	実験	4つの水溶液は，リトマス紙でいくつに仲間分けができるか調べる
126	6	粒子	実験	塩酸は金属をとかすか調べる
127	6	粒子	実験	水溶液からとけているものを取り出す
131	6	エネルギー	実験	電熱線に電流を流すと，発熱するか調べる

表2-11　F，A クラスターに属する観察・実験等の内訳

番号	学年	領域	種類	観察・実験名
36	4	生命	観察	植物の育ち方を調べる
37	4	生命	観察	動物の活動の様子を調べる
47	4	生命	観察	植物の育ち方を調べる
48	4	生命	観察	動物の活動の様子を調べる
53	4	生命	観察	動物の活動の様子を調べる
54	4	生命	観察	植物の育ち方を調べる
66	4	生命	観察	動物の活動の様子を調べる
67	4	生命	観察	植物の育ち方を調べる
1	3	生命	観察	身の回りの生き物を調べる
2	3	生命	観察	めが出た様子を調べる
3	3	生命	観察	植物の育ち方を調べる
7	3	生命	観察	植物の育ち方を調べる
9	3	生命	観察	モンシロチョウのたまごを調べる
10	3	生命	観察	たまごからかえったよう虫を調べる
11	3	生命	観察	よう虫の育ち方を調べる
12	3	生命	観察	さなぎを調べる
15	3	生命	観察	植物の育ち方を調べる
16	3	生命	観察	生き物のすみかを調べる
18	3	生命	観察	植物の育ち方を調べる
45	4	地球	観察	地面のかたむきと水の流れを調べる
50	4	地球	観察	朝見える月の動きを調べる
51	4	地球	観察	星の動きを調べる
52	4	地球	観察	午後の月の動きを調べる
65	4	地球	観察	冬の星の動きを調べる
68	4	粒子	実験	金ぞくの温まり方を調べる
69	4	粒子	実験	試験管に入れた水の温まり方を調べる
70	4	粒子	実験	ビーカーに入れた水の温まり方を調べる
71	4	粒子	実験	部屋の中の温度を調べる
117	6	地球	観察	月の形の変化のしかたと，太陽との関係を調べる

表2-12　Cクラスターに属する観察・実験等の内訳

番号	学年	領域	種類	観察・実験名
6	3	地球	観察	日なたと日かげの地面の温度をくらべる
22	3	エネルギー	実験	はね返した日光を1つのまとに集めて調べる
25	3	エネルギー	実験	風の強さによって，ものを持ち上げる力がかわるか調べる
26	3	エネルギー	実験	ゴムののびの長さをかえて，車の走るきょりを調べる
27	3	エネルギ	実験	車の走るきょりを，ゴムをのばす長さでコントロールできるか調べる
34	3	粒子	実験	ねん土のおき方や形をかえて，重さを調べる
35	3	粒子	実験	ものを同じ体せきにして，重さをくらべる
38	4	地球	観察	晴れの日の1日の気温の変化を調べる
39	4	地球	観察	雨の日の1日の気温の変化を調べる
41	4	粒子	実験	とじこめた水と空気をくらべる
44	4	エネルギー	実験	かん電池の直列つなぎとへい列つなぎで，回路を流れる電流の大きさを調べる
57	4	粒子	実験	水を熱したときの変化を調べる
59	4	粒子	実験	水がこおる様子を調べる
74	5	エネルギー	実験	ふりこのふれはばを変え，ふりこが1往復する時間を調べる
75	5	エネルギー	実験	条件を変えて，ふりこが1往復する時間を調べる
76	5	生命	実験	種子が発芽する条件を調べる
79	5	生命	実験	インゲンマメが成長する条件を調べる
93	5	エネルギー	実験	電流の大きさを変えると，電磁石の強さはどうなるか調べる
94	5	エネルギー	実験	コイルのまき数を変えると，電磁石の強さはどうなるか調べる
95	5	粒子	実験	ものをとかす前と，とかした後の水溶液の重さを調べる
96	5	粒子	実験	食塩やミョウバンが水にとける量を調べる
97	5	粒子	実験	水の量や水温を変えて，食塩やミョウバンのとける量は増えるか調べる
103	6	粒子	実験	ろうそくが燃える前と燃えた後の空気では，酸素と二酸化炭素の体積の割合はどうなっているか調べる
105	6	生命	実験	はき出した空気と吸いこむ空気では，何がちがうのか調べる
112	6	生命	実験	植物が酸素を出しているか調べる
115	6	エネルギー	実験	てこが水平につり合うとき，どのようなきまりがあるか調べる
129	6	エネルギー	実験	光電池で，電流の大きさを変えるにはどうすればよいか調べる
130	6	エネルギー	実験	豆電球と発光ダイオードで，電気の使われ方に違いがあるか調べる

表2-13　各クラスターと領域による観察・実験等の数

クラスター		領域			
		エネルギー	粒子	生命	地球
B	度数	10	7	4	8
	期待度数	7.0	6.4	9.4	6.2
	調整済残差	1.5	0.3	−2.4	1.0
D	度数	5	0	9	7
	期待度数	5.1	4.6	6.8	4.5
	調整済残差	−0.1	−2.7	1.1	1.5
E	度数	5	9	7	4
	期待度数	6.1	5.5	8.1	5.3
	調整済残差	−0.6	1.9	−0.5	−0.7
F	度数	0	0	8	0
	期待度数	1.9	1.8	2.6	1.7
	調整済残差	−1.7	−1.5	4.2	−1.5
A	度数	0	4	11	6
	期待度数	5.1	4.6	6.8	4.5
	調整済残差	−2.8	−0.4	2.1	0.9
C	度数	12	9	4	3
	期待度数	6.8	6.2	9.1	5.9
	調整済残差	2.6	1.5	−2.3	−1.5
合計	度数	32	29	43	28

注）太字斜体は有意を示す。

は生命領域の観察・実験等が有意に多かった。Aクラスターでは生命領域の観察・実験等が有意に多く，エネルギー領域のそれが有意に少なかった。Cクラスターではエネルギー領域の観察・実験等が有意に多く，生命領域のそれが有意に少なかった。

　次に，各クラスターを独立変数，学年を従属変数としてχ^2検定および残差分析を行った（表2-14）。その結果，クラスターごとの各学年に含まれる観察・実験等の数の割合の偏りは有意であった（$\chi^2(15) = 51.76$, $p < .01$）。また，残差分析の結果，B，Dクラスターでは有意に多い，または少ない学年は見られなかった。Eクラスターでは第6学年の観察・実験等が有意に多かっ

表2-14　各クラスターと学年による観察・実験等の数

クラスター		学年			
		第3学年	第4学年	第5学年	第6学年
B	度数	5	10	5	9
	期待度数	7.7	6.4	7.9	7.0
	調整済残差	− 1.3	1.8	− 1.4	1.0
D	度数	8	3	5	5
	期待度数	5.6	4.6	5.7	5.1
	調整済残差	1.3	− 0.9	− 0.4	− 0.1
E	度数	4	2	8	11
	期待度数	6.6	5.5	6.8	6.1
	調整済残差	− 1.3	− 1.9	0.6	*2.6*
F	度数	0	8	0	0
	期待度数	2.1	1.8	2.2	1.9
	調整済残差	− 1.8	*5.5*	− 1.8	− 1.7
A	度数	11	9	0	1
	期待度数	5.6	5.7	4.6	5.1
	調整済残差	*2.9*	1.7	*−2.7*	*−2.3*
C	度数	7	6	9	6
	期待度数	7.4	6.2	7.6	6.8
	調整済残差	− 0.2	− 0.1	0.7	− 0.4
合計	度数	35	38	27	32

注）太字斜体は有意を示す。

た。Fクラスターでは第4学年の観察・実験等が有意に多かった。Aクラスターでは第3学年の観察・実験等が有意に多く，第5，6学年のそれが有意に少なかった。Cクラスターでは有意に多い，または少ない学年は見られなかった。

2−5　クラスター内「探究の技能」含有率の算出

　図2-1に示した「クラスター内『探究の技能』含有率の算出方法」（長谷川ら，2013）に従い，得られた値をそれぞれグラフ化した（図2-3〜図2-8）。以下，得られたグラフを踏まえ，各クラスターの探究的特徴を述べていく。

2−5−1　Bクラスターの探究的特徴

　図2-3に示したように，Bクラスターには「1　事象を理解・把握するために観察する技能」の「1-1　五感を通して得た事象のようすや性質等を記録する」「1-3　観察した事象の変化のようすや変化の特徴を記録する」を多く含む傾向がある。また，「3　観察・実験のための仮説を立てる技能」「4　観察・実験で変数を制御する技能」「7　要因の抽出や観察・実験結果について推論する技能」の「7-2　観察の結果や測定結果を帰納的に思考して規則性や共通性を導く」を多く含む傾向がある。

　これらのことから，仮説を立てて検証実験を行うが，実験を計画するにあたり，変数を制御する活動が多いこと，独立変数を制御し，従属変数である事象の変化を定性的に捉えるものが多いことが明らかとなった。さらに，観察・実験等の占める割合についてχ^2検定および残差分析を行ったところ，生命領域が有意に少ないこと，学年間には有意な差が見られないことが示された。

　以上のことを踏まえ，Bクラスターは「仮説を立てて，独立変数を制御し，従属変数の変化を定性的に捉え，帰納的に思考する群」であると解釈できる。

2−5−2　Dクラスターの探究的特徴

　図2-4に示したように，Dクラスターには他のクラスターと比較すると，含まれる「探究の技能」が少ない傾向が見られる。「1　事象を理解・把握するために観察する技能」の「1-1　五感を通して得た事象のようすや性質等を記録する」「2　分類の基準に基づいて分類する技能」の「2-1　分類する観点・基準（操作的定義なども含む）に基づいて識別する」「7　要因の抽出や観察・実験結果について推論する技能」の「7-2　観察の結果や測定結果を帰納的に思考して規則性や共通性を導く」を含む傾向が見られるが，その他の「探究の技能」は少ない傾向にある。

　これらのことから，検証実験は少なく，五感を通して事象の性質やそれらの相違点について調べ，気付いたことを記録したり，観察・実験を通して事象の性質や変化，名称，分類等を学習したりするものが多いことが明らかとなった。さらに，観察・実験等の占める割合についてχ^2検定及び残差分析を行っ

たところ，粒子領域が有意に少ないこと，学年間では有意な差が見られないことが示された。

　以上のことを踏まえ，Dクラスターは「事象のようすや性質，構造等を調べ，記録を行い，分類の観点に基づき定性的に識別し，帰納的に思考する群」であると解釈できる。

2−5−3　Eクラスターの探究的特徴

　図2-5に示したように，Eクラスターには「1　事象を理解・把握するために観察する技能」の「1-1　五感を通して得た事象のようすや性質等を記録する」「1-3　観察した事象の変化のようすや変化の特徴を記録する」「3　観察・実験のための仮説を立てる技能」の「3-1　観察した事象から生じた疑問や問題を特定する」「3-2　予想や仮説を立てる」「3-3　仮説を立てた根拠を示す」「3-6　観察・実験の結果の考察に基づいて，予想や仮説の不支持を明らかにして，必要に応じて予想や仮説を修正する」「7　要因の抽出や観察・実験結果について推論する技能」の「7-2　観察の結果や測定結果を帰納的に思考して規則性や共通性を導く」を多く含む傾向がある。

　これらのことから，根拠をもって仮説を立てて検証実験を行い，事象のようすや性質，変化の特徴を定性的に捉え，実験結果から仮説の支持・不支持を考察するものが多いことが明らかとなった。さらに，観察・実験等の占める割合についてχ^2検定および残差分析を行ったところ，領域間には有意な差が見られないこと，第6学年が有意に多いことが示された。

　以上のことを踏まえ，Eクラスターは「仮説を立てて，事象のようすや性質，変化の特徴を定性的に捉え，帰納的に思考する群」であると解釈できる。

2−5−4　Fクラスターの探究的特徴

　図2-6に示したように，Fクラスターには「1　事象を理解・把握するために観察する技能」の「1-1　五感を通して得た事象のようすや性質等を記録する」「1-2　数値を用いて観察したことを記録する」「1-3　観察した事象の変化のようすや変化の特徴を記録する」「1-4　立体や平面の図を使用して観察

した事象を記録する」を必ず含んでいる。また，「3　観察・実験のための仮説を立てる技能」の「3-1　観察した事象から生じた疑問や問題を特定する」「3-2　予想や仮説を立てる」「5　観察・実験で測定する技能」の「5-1　測定の目的に応じて適切な計測器を使用する」「5-2　最小目盛りに着目して正確に数値を読み取る」「6　データを解釈する技能」の「6-1　表やグラフから縦軸と横軸を関係付けて読み取る」「6-3　グラフから読み取った事象の変化の傾向に基づき今後の変化を予測する」「6-6　測定結果等をグラフで示す」「7　要因の抽出や観察・実験結果について推論する技能」の「7-2　観察の結果や測定結果を帰納的に思考して規則性や共通性を導く」を必ず含んでいる。

　これらのことから，予想や仮説を立てた上で，計測器を用いて最小目盛りに着目して計測し，数値とグラフを用いて定量的に捉えるものが多いことが明らかとなった。さらに，観察・実験等の占める割合についてχ^2検定及び残差分析を行ったところ，生命領域が有意に多いこと，第4学年が有意に多いことが示された。

　以上のことを踏まえ，Ｆクラスターは「仮説を立てて，因果関係を有する単純な事象のようすや性質，構造等を観察したり，変化の特徴を計測して収集した定量的なデータをグラフ化したりして，帰納的に思考する群」であると解釈できる。

2－5－5　Ａクラスターの探究的特徴

　図2-7に示したように，Ａクラスターには「1　事象を理解・把握するために観察する技能」「5　観察・実験で測定する技能」の「5-1　測定の目的に応じて適切な計測器を使用する」「5-5　相対的な位置や物の大きさをスケールを示して図示する」「7　要因の抽出や観察・実験結果について推論する技能」の「7-2　観察の結果や測定結果を帰納的に思考して規則性や共通性を導く」を多く含む傾向がある。

　これらのことから，検証実験は行わないが，計測や観測を行い，数値を用いて定量的に表現しているものが多いことが明らかとなった。さらに，観察・実験等の占める割合についてχ^2検定および残差分析を行ったところ，生命領

域が有意に多く，エネルギー領域が有意に少ないこと，第3学年が有意に多く，第5，6学年が有意に少ないことが示された。

　以上のことを踏まえ，Aクラスターは「事象のようすや性質，変化の特徴を計測したり観察したりして，帰納的に思考する群」であると解釈できる。

2-5-6　Cクラスターの探究的特徴

　図2-8に示したように，Cクラスターには他のクラスターと比較すると，「探究の技能」が多く含まれている傾向が見られる。特に，「1　事象を理解・把握するために観察する技能」の「1-1　五感を通して得た事象のようすや性質等を記録する」「1-2　数値を用いて観察したことを記録する」「1-3　観察した事象の変化のようすや変化の特徴を記録する」「3　観察・実験のための仮説を立てる技能」「4　観察・実験で変数を制御する技能」「5　観察・実験で測定する技能」の「5-1　測定の目的に応じて適切な計測器を使用する」「5-2　最小目盛りに着目して正確に数値を読み取る」「5-4　長さ，面積，体積，質量などの量を見積もったり，測定器具の秤量・感量および測定誤差を考慮して意味のある測定値（有効数字）を示したりできる」「6　データを解釈する技能」の「6-1　表やグラフから縦軸と横軸を関係付けて読み取る」，「6-5　観察・実験の結果について観点を決めて表にまとめる」「7　要因の抽出や観察・実験結果について推論する技能」の「7-2　観察の結果や測定結果を帰納的に思考して規則性や共通性を導く」を多く含む傾向が見られ，その他の「探究の技能」についても少しずつ含まれる傾向が見られる。

　これらのことから，仮説を立てて検証実験を行うが，実験を計画するにあたり，独立変数を制御し，測定により従属変数を定量的に求めたりするものが多いこと，観察・実験等で得られた数値を表に整理して解釈するものが多いことが明らかとなった。さらに，観察・実験等の占める割合について χ^2 検定および残差分析を行ったところ，エネルギー領域が有意に多く，生命領域が有意に少ないこと，学年間には有意な差が見られないことが示された。

　以上のことを踏まえ，Cクラスターは「仮説を立てて，独立変数を制御し，従属変数の変化を測定して定量的に捉え，帰納的に思考する群」であると解釈

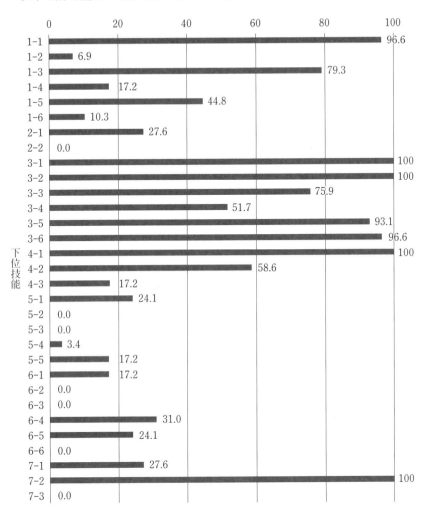

図2-3　Bクラスター内「探究の技能」含有率

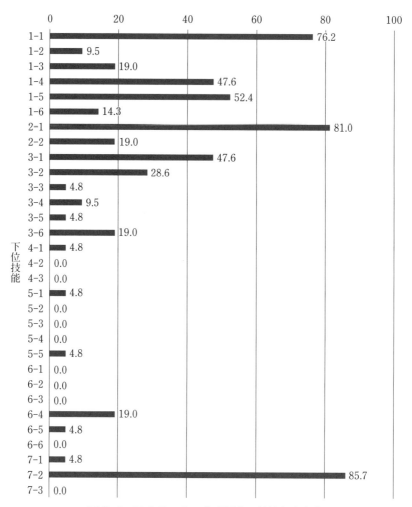

図2-4 Dクラスター内「探究の技能」含有率

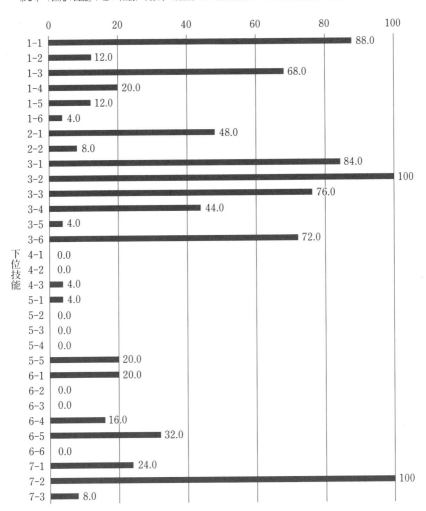

図2-5　Eクラスター内「探究の技能」含有率

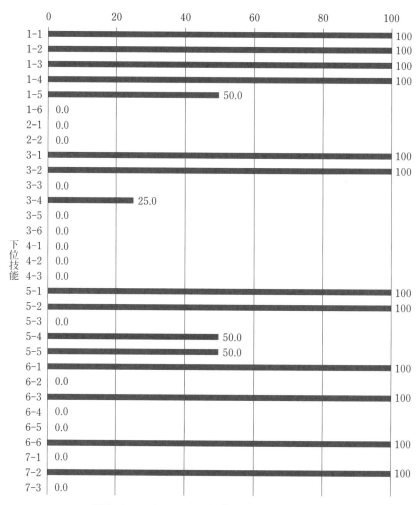

図 2-6　F クラスター内「探究の技能」含有率

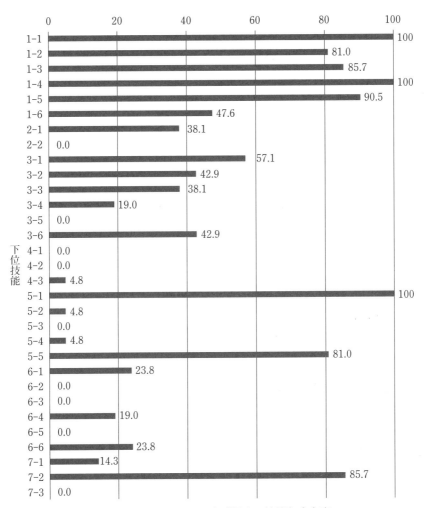

図2-7　Aクラスター内「探究の技能」含有率

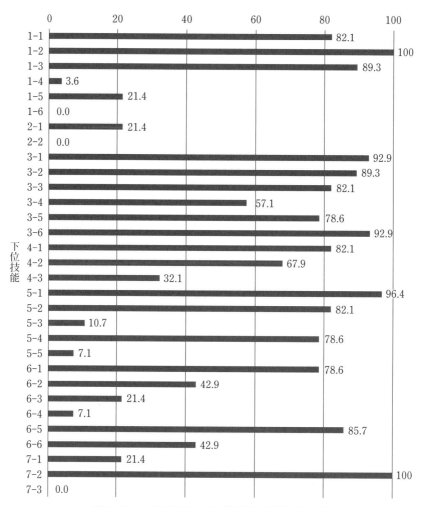

図2-8　Cクラスター内「探究の技能」含有率

できる。

第3節　先行研究（長谷川ら，2013）との比較検討

「探究の技能」の傾向により，長谷川ら（2013）では130の観察・実験等を5つに分類している一方，本章では132のそれが6つに類型化できることが示された。ここで，両研究の相違点を浮き彫りにするために，各クラスターが含有している特徴的な技能を3観点で整理した（表2-15，表2-16）。なお，特徴的な技能の3観点とは，「定性的・定量的」「仮説設定の有無」「変数制御の有無」のことを指し（長谷川，2012），「仮説設定の有無」については，予想と仮説を切り分けることなく整理していることを断っておく。

まず，表2-15に示したように，本章で得られたAクラスターは「仮説を立てず，定量的に結果を導き出す観察・実験群」，Bクラスターは「仮説を立てて，変数を制御し，定性的に結果を導き出す観察・実験群」，Cクラスターは「仮説を立てて，変数を制御し，定量的に結果を導き出す観察・実験群」，Dクラスターは「仮説を立てず，定性的に結果を導き出す観察・実験群」，Eクラスターは「仮説を立てて，定性的に結果を導き出す観察・実験群」，Fクラスターは「仮説を立てて，定量的に結果を導き出す観察・実験群」である。

次に，表2-15，表2-16を踏まえ，本章と長谷川ら（2013）との対応関係を整理し（表2-17），各観点における両研究の観察・実験等の数を直接確率計算（正確二項検定）で検討した。表2-17に示したように，有意な増加が認められた観点は，「定性的，仮説設定，変数制御」（14→29）と「定量的，仮説設定」（0→8）であった。これらのことから，本章で得られたBクラスター（定性的，仮説設定，変数制御）のように，「仮説を立てて，独立変数を制御し，従属変数の変化を定性的に捉え，帰納的に思考する観察・実験等」およびFクラスター（定量的，仮説設定）のように，「変数の制御は行わないものの，因果関係を有する単純な事象の変化の特徴を計測して収集した定量的なデータをグラフ化する観察・実験等」が増加していることが明らかとなった。

さらに，各クラスターが含有している特徴的な技能の観点の個々につい

て，それらが含まれている観察・実験等の数を本章と長谷川ら（2013）とで比較したところ（表2-18），有意な増加が認められた観点は「変数制御」（34→57）であった。

こうした両者の違いは，長谷川ら（2013）が2010年検定済教科書を分析したのに対し，本章では2019年のそれを取り上げたことが考えられる。後者は，小学校学習指導要領（平成29年告示）（文部科学省，2018b）に準拠して作成されたものであり，「理科の見方・考え方」を働かせた問題解決を通して資質・能力を育成することが求められ，資質・能力を育成する学びの過程（①自然の事物・現象に対する気付き，②問題の設定，③予想や仮説の設定，④検証計画の立案，⑤観察・実験の実施，⑥結果の処理，⑦考察，⑧結論の導出）が記されるなど，問題解決の過程を通した学習が重視されている（文部科学省，2018a）。このように，2019年検定済教科書において，「仮説設定」や「変数制御」を含む観察・実験等の数に増加傾向が見られたのは，問題解決の力を育成する上で欠かせない，8つの学びの過程に配慮して教科書が編集されたことにより，「探究の技能」が明確化されたり，観察・実験等の実施に至るまでの文脈が変化したりしたことによるものと推察される。

例えば，第4学年の単元「電気のはたらき」における「モーターの回る向きと電気の流れ」の学習は，2010年検定済教科書では「観察」として位置付けられ，「かん電池の＋極と－極を入れかえると，モーターの回る向きや，自動車の走る向きは変わるでしょうか」といった，「はい・いいえ」で回答できる問題が示されている。そして，向きが変わるか否かを児童に予想させた後，乾電池の＋極と－極を入れかえて，モーターの回る向きを確かめる活動が記述されている。

一方，2019年検定済教科書では「実験」として位置付けられ，「問題 → 予想 → 実験 → 結果 → 考察 → わかったこと」といった，問題解決の過程が明記されている。さらに，「かん電池の向きを変えると，モーターの回る向きが変わるのはなぜだろうか」といった，事象の規則性や仕組みについて説明を求める問題に対し，「かん電池の向きを変えると，モーターの回る向きが変わることについて，電流という言葉を使って予想する」という指示文が記述されて

おり，「仮説設定」における重要な構成要素として「変数制御」が盛り込まれていると言える。これは，2019 年検定済教科書に掲載されている観察・実験等が，従前と同じ学習内容であっても，これまで以上に科学的に問題を解決する過程を重視していることを意味するものであると考えて差し支えないであろう。

　また，本章において，定量的なデータのグラフ化を探究的特徴にもつＦクラスター（定量的，仮説設定）が抽出されたことは意義深いと考える。平成24 年度全国学力・学習状況調査【中学校】報告書（国立教育政策研究所，2012）では，理科の指導改善のポイントとして，「観察・実験の結果から量的な関係を考察する場面では，はじめは，測定結果のまとめ方，グラフの作成の仕方などを丁寧に指導し，規則性に気付かせる。そして，生徒自身が考えながら結果を整理し，分析し解釈して関係性を導くなど，段階を踏まえた指導をすることが大切である。そのような指導の積み重ねにより，量的な関係についての理解が深まっていく」と記されている。

　しかし，中学校学習指導要領解説理科編（文部科学省，2008b）および中学校学習指導要領（平成 29 年告示）解説理科編（文部科学省，2018c）において，生徒自身が数的処理を行い，グラフを作成する学習は，中学校 3 年間の理科授業の中で 4 つ（第 1 学年：力の働き，第 2 学年：電流・電圧と抵抗，質量変化の規則性，第 3 学年：力と運動）のみである。長谷川ら（2013）では抽出されなかったＦクラスター（定量的，仮説設定）が本章で得られたことは，小中学校の理科授業を通して育成を目指す資質・能力の具体的な特徴や内容を示唆している可能性があり，「各学校段階で育成を目指す資質・能力を相互につないでいくことが求められる」とした中央教育審議会（2016）の指摘とも一致する。しかしながら，このような結論を下すには実証的知見が不十分であり，小中学生の定量的なデータをグラフ化したり，量的な関係を考察したりする能力の変容についての検証は，今後の研究に委ねられる。

表 2-15　本章で得られた各クラスターが含有している特徴的な技能の観点

クラスター	特徴的な技能の観点		
A（21）	定量的	－	－
B（29）	定性的	仮説設定	変数制御
C（28）	定量的	仮説設定	変数制御
D（21）	定性的	－	－
E（25）	定性的	仮説設定	
F（8）	定量的	仮説設定	－

注）（　）内は観察・実験等の数，合計は 132 である。

表 2-16　長谷川ら（2013）で得られた各クラスターが含有している特徴的な技能の観点

クラスター	特徴的な技能の観点		
A（36）	定性的	－	－
B（21）	定量的	－	－
C（39）	定性的	仮説設定	－
D（20）	定量的	仮説設定	変数制御
E（14）	定性的	仮説設定	変数制御

注）（　）内は観察・実験等の数，合計は 130 である。

表 2-17　特徴的な技能の観点における対応関係

特徴的な技能の観点	クラスター	
	本章	長谷川ら
定量的	A（21）	B（21）
定性的，仮説設定，変数制御	*B（29）*	*E（14）*
定量的，仮説設定，変数制御	C（28）	D（20）
定性的	D（21）	A（36）
定性的，仮説設定	E（25）	C（39）
定量的，仮説設定	*F（8）*	－

注）（　）内は観察・実験等の数，太字斜体は有意を示す。

表2-18　特徴的な技能の観点における観察・実験等の数
の比較

特徴的な技能の観点	観察・実験等の数（%）	
	本章	長谷川ら
定量的	49（37.1）	41（31.6）
定性的	83（62.9）	89（68.4）
仮説設定	90（68.2）	73（56.2）
変数制御	*57（43.2）*	*34（26.2）*

注）%の算出にあたり，観察・実験等の総数は本章132,
長谷川ら130である。太字斜体は有意を示す。

お わ り に

　本章では，Y社の2019年検定済小学校理科教科書に掲載されている全観察・実験等を対象に，長谷川ら（2013）が開発した「探究の技能」の含有率の傾向から類型化し，各クラスターの探究的特徴を解釈することを第一の目的とした。さらに，各クラスターの探究的特徴に基づき，各学年の観察・実験等の傾向を分析し，指導上の留意点を示唆することを第二の目的とした。

　まず，表2-19に示したように，教科書に掲載されている全観察・実験等は，「探究の技能」の傾向によって6つに類型化できることを明らかにするとともに，それぞれの探究的特徴を解釈することができた。そして，小学校学習指導要領（平成29年告示）（文部科学省，2018b）の理念が，理科教科書に掲載されている観察・実験等の記述にどのように反映されているかを解明するために，本章で得られた6つのクラスターと先行研究（長谷川ら，2013）の知見とを比較検討した。

　その結果，「変数の制御は行わず，事象のようすや性質，構造等を調べて記録したり，変化の特徴を定性的に捉えたりする観察・実験等」に減少傾向が見られる一方，「仮説を立てて，独立変数を制御し，従属変数の変化を定性的または定量的に捉える観察・実験等」や，「変数の制御は行わないものの，因果関係を有する単純な事象の変化の特徴を計測して収集した定量的なデータをグ

ラフ化する観察・実験等」に増加傾向が示された。併せて，各クラスターが含有している特徴的な技能の観点の個々について比較したところ，事象のようすや変化を測定して「定量的」に捉えたり，「仮説設定」や「変数制御」に基づいて問題を解決したりする観察・実験等の数に増加傾向が示された。これらの示唆から，Y社の2019年検定済教科書の観察・実験等には，従前と同じ学習内容であっても，これまで以上に科学的に問題を解決する過程の中で，問題解決の力の育成が求められていることが明らかとなった。

　次に，本章で得られた6つのクラスターがもつ探究的特徴に基づいて解釈した，各学年の観察・実験等の傾向と，科学的な問題解決の力の育成に向けた指導上の留意点を以下に述べる。

　第3学年では，A，Dクラスターの観察・実験等が多いことが示された。このことから，第3学年の観察・実験等には，事象のようすや性質，変化の特徴，構造等を定性的・定量的に記録させたり，生命領域を中心に分類の観点に基づいて定性的に識別させたりする傾向があると言える。つまり，第3学年では定性的・定量的に記録したり，分類の観点に基づいて定性的に識別したりする技能を習得させるような指導が必要であると考えられる。

　第4学年では，A，Bクラスターの観察・実験等が多いこと，Fクラスターの全観察・実験等が含まれていることが示された。このことから，第4学年の観察・実験等には，仮説を立て，因果関係を有する事象のようすや性質，構造等を定性的に捉えさせたり，変化の特徴を計測して収集した定量的なデータをグラフ化させたりする傾向があると言える。つまり，第4学年では仮説を立てて観察・実験等を行う中で，事象のようすやその変化についての因果関係を児童自身に見いださせるような指導が必要であると考えられる。

　第5学年は，C，Eクラスターの観察・実験等が多いことが示された。このことから，第5学年の観察・実験等には，根拠に基づいた仮説を立て，独立変数を制御し，従属変数の変化を測定して定量的に捉えさせたり，事象のようすや性質，変化の特徴を定性的に捉えさせたりする傾向があると言える。つまり，第5学年では仮説を立てて観察・実験等を行う中で，変数制御を重視した探究活動を促すような指導が必要であると考えられる。

　第6学年は，B，Eクラスターの観察・実験等が多いことが示された。このことから，第6学年の観察・実験等には，根拠に基づいた仮説を立て，独立変数を制御し，従属変数の変化を定性的に捉えさせたり，事象のようすや性質，変化の特徴を定性的に捉えさせたりする傾向があると言える。つまり，第6学年では仮説を立てて観察・実験等を行う中で，変数制御を重視したり，事象のようすやその変化の特徴を定性的に捉えさせたりするような指導が必要であると考えられる。

　以上のことを踏まえ，Y社の教科書という限定付きではあるが，小学校で理科授業を実施するに当たり，教員が本章で得られた各観察・実験等の探究的特徴を意識し，それを問題解決の過程を通した学習の中に効果的に活用することができれば，各学年における問題解決の力の育成，特に「仮説設定」および「変数制御」に関する「探究の技能」の習得が期待される。

表2-19　各クラスターの探究的特徴

クラスター	各クラスターの探究的特徴
A（21）	事象のようすや性質，変化の特徴を計測したり観察したりして，帰納的に思考する群
B（29）	仮説を立てて，独立変数を制御し，従属変数の変化を定性的に捉え，帰納的に思考する群
C（28）	仮説を立てて，独立変数を制御し，従属変数の変化を測定して定量的に捉え，帰納的に思考する群
D（21）	事象のようすや性質，構造等を調べ，記録を行い，分類の観点に基づき定性的に識別し，帰納的に思考する群
E（25）	仮説を立てて，事象のようすや性質，変化の特徴を定性的に捉え，帰納的に思考する群
F（8）	仮説を立てて，因果関係を有する単純な事象のようすや性質，構造等を観察したり，変化の特徴を計測して収集した定量的なデータをグラフ化したりして，帰納的に思考する群

注）（　）内は観察・実験等の数，合計は132である。

注釈

1) プロセス・スキルズ（AAAS, 1963）とは，観察する，時間／空間の関係を用いる，分類する，数を使う，測定する，伝達する，予測する，推論するといった基礎的プロセスと，変数を制御する，データを解釈する，仮説を設定する，操作的に定義する，実験するといった総合的プロセスから成り，探究の要素的技法を習得することが探究能力の育成において重要であるとされた。

2) Y 社の小学校理科教科書を調査対象とした理由は，新潟県内の多くの小学校で採択されているためである。

3) Y 社の小学校理科教科書には，観察や実験の他に調査や実習も含まれるため，観察・実験等と表記した。

引用文献

1) 中央教育審議会（2016）「幼稚園，小学校，中学校，高等学校及び特別支援学校の学習指導要領等の改善及び必要な方策等について（答申）」120-123。

2) Commission on Science Education of the American Association for the Advancement of Science (1963). Science-A Process Approach Commentary for Teachers, AAAS/XEROX Corporation.

3) 藤田剛志（2013）「小学校教員の理科授業観：優れた理科教師に求められる資質能力」『千葉大学人文社会科学研究』第 27 号，164-179。

4) 長谷川直紀（2012）「仮説・検証の過程を言語で表現する力を育成する理科指導法の研究 ― オームの法則について ― 」『上越教育大学大学院学校教育研究科修士論文』120-121。

5) 長谷川直紀・吉田裕・関根幸子・田代直幸・五島政一・稲田結美・小林辰至（2013）「小・中学校の理科教科書に掲載されている観察・実験等の類型化とその探究的特徴 ― プロセス・スキルズを精選・統合して開発した『探究の技能』に基づいて ― 」『理科教育学研究』第 54 巻，第 2 号，225-247。

6) 今田利弘・小林辰至（2004）「中学校理科教員のプロセス・スキルズ育成に関する指導の実態」『理科教育学研究』第 45 巻，第 2 号，1-8。

7) 科学技術振興機構理科教育支援センター（2009）「平成 20 年度小学校理科教育実態調査及び中学校理科教師実態調査に関する報告書（改訂版）」35-46。

8) 国立教育政策研究所（2012）「平成 24 年度全国学力・学習状況調査【中学校】報告書 2. 教科に関する調査の結果（概要）」18-21。
（https://www.nier.go.jp/12chousakekkahoukoku/04chuu-gaiyou/24_chuu_houkokusyo-2_kyoukanikan suru.pdf）

9) 文部科学省（2008a）『小学校学習指導要領』61-71。

10) 文部科学省（2008b）『中学校学習指導要領解説理科編』23-96。

11)　文部科学省（2018a)「小学校学習指導要領（平成29年告示）解説理科編」10-18。

12)　文部科学省（2018b)「小学校学習指導要領（平成29年告示)」94-111。

13)　文部科学省（2018c)「中学校学習指導要領（平成29年告示）解説理科編」29-113。

14)　吉山泰樹・小林辰至（2011)「プロセス・スキルズの観点からみた観察・実験等の類型化 — 中学校理科教科書に掲載されている観察・実験等について —」『理科教育学研究』第52巻，第1号，107-119。

15)　吉山泰樹・小松武史・稲田結美・小林辰至（2012)「プロセス・スキルズの観点からみた観察・実験等の類型化(2) — 小学校理科教科書に掲載されている観察・実験等について —」『理科教育学研究』第52巻，第3号，179-189。

付記

　本章は「理科教育学研究」第62巻，第1号（2021）に掲載された「『探究の技能』に基づく観察・実験等の類型化とその探究的特徴 — 小学校理科教科書の分析を通して —」を書き直したものである。

第**3**章

「探究の技能」に基づく観察・実験等の類型化と その探究的特徴

― 中学校理科教科書の分析を通して ―

は じ め に

アメリカ合衆国では 1950 年代に PSSC（Physical Science Study Committee）物理などの科学教育の改革を目指す様々なプロジェクトが展開され，探究する過程と科学概念の獲得が重視された。そして，それらのプロジェクトの成果の1つに全米科学振興協会の "Science-A Process Approach"（S-APA）がある（AAAS, 1963）。S-APA では，プロセス・スキルズという 13 の探究の要素的技法を習得させることが探究する力の育成には必要であると考えられ，そのためのプログラムが種々提案された。

また，長谷川ら（2013）は，プロセス・スキルズの 57 の下位項目の中には，類似したものや実際の授業では，ほとんど扱われないものがあることから，これらを精選・統合して日本の小中学校の理科教育に即した 7 つの上位技能と 31 の下位技能からなる「探究の技能」を開発した。

プロセス・スキルズは，観察・実験等の探究的な特徴を分析する上でも有効である（山田・田代・田中・小林, 2015）。吉山・小林（2011）は 2005 年検定済の中学校理科教科書に掲載されている全観察・実験等について，プロセス・スキルズの下位に設定された 57 項目の目標が含まれている割合と傾向から分析を行い，5 群に類型化している。さらに，吉山・小松・稲田・小林（2012）は 2010 年検定済の小学校理科教科書についても同様の分析を行い，4群に類型化している。さらに，長谷川ら（2013）は，2010 年検定済の小学校

と 2011 年検定済の中学校の理科教科書 3 社（X 社，Y 社，Z 社）に掲載されている全観察・実験等には，どのような「探究の技能」が含まれているのかを分析するとともに，各観察・実験等で含まれている「探究の技能」の傾向から類型化を行った。その結果，小学校では 5 群に，中学校では 6 群にそれぞれ類型化できることを明らかにしている。

　しかしながら，長谷川ら（2013）が分析対象とした 2011 年検定済の中学校理科教科書は，中学校学習指導要領（文部科学省，2008）に準拠しており，中学校学習指導要領（平成 29 年告示）（文部科学省，2018）が求める理科の目標とは異なった内容で作成されている[1]。したがって，長谷川ら（2013）の知見は，中学校学習指導要領（平成 29 年告示）（文部科学省，2018）に準拠した，2020 年検定済の中学校理科教科書には適用できない可能性があると考えられる。

　こうした背景を踏まえ，筆者らは，まず，第 2 章（山田ら，2021）において Y 社の 2019 年検定済小学校理科教科書に掲載されている全観察・実験等を対象に，「探究の技能」に基づくクラスター分析を行い，長谷川ら（2013）との共通点や相違点を明らかにした。次に，第 2 章（山田ら，2021）によって得られた知見から，小学校理科教科書と同様に，中学校学習指導要領（平成 29 年告示）（文部科学省，2018）に準拠した理科教科書に掲載されている観察・実験等においても記述の仕方に変化がもたらされた可能性があるため，追試研究を行う必要があると考えた。そこで本章では，Y 社の 2020 年検定済中学校理科教科書に掲載されている全観察・実験等を対象に，表 2-1 に示した長谷川ら（2013）の「探究の技能」に基づいて類型化し，その探究的特徴の分析・解釈を試みることとした。

第1節　中学校理科教科書に掲載されている観察・実験等の分析方法

1−1　目　的

　本章では，まず，長谷川ら（2013）が分析対象とした3社の中から，Y社の2020年検定済中学校理科教科書[2]に掲載されている全観察・実験等を対象に，「探究の技能」の含有率の傾向から類型化し，各クラスターの探究的特徴を分析・解釈することを第一の目的とした。次に，各クラスターの探究的特徴に基づき，各学年の観察・実験等の傾向を分析・解釈することを第二の目的とした。最後に，第2章（山田ら，2021）で示されたY社の2019年検定済小学校理科教科書に掲載されている観察・実験等の類型との比較を通して，中学校の類型との対応関係を検討することを第三の目的とした。

1−2　調査対象

　Y社の2020年検定済中学校理科教科書（以下，教科書と表記）に掲載されている全観察・実験等を調査対象とした（表3-1～表3-3）。

1−3　「探究の技能」の分析

　教科書に掲載されている全観察・実験等と，「探究の技能」の下位技能を一覧表（表2-1）にし，教科書の記述を基に，個々の下位技能を含んでいるか否かを検討した。具体的には，下位技能が含まれている場合は1，含まれていない場合は0として得点化した。

1−4　クラスター分析

　「探究の技能」における下位技能の得点（含まれていれば1，含まれていなければ0）を独立変数に用いて，Ward法による階層クラスター分析を行い，「探究の技能」の下位技能によって全観察・実験等をいくつかの群に分けることを試みた。各データの距離の算出には平方ユークリッド距離を使用した。

1−5　各クラスターに含まれる観察・実験等の傾向

　各クラスターにおいて，どの領域の観察・実験等の占める割合が多いかを検討するために，クラスターを独立変数，領域や学年を従属変数としてχ^2検定及び残差分析を行った。

1−6　クラスター内「探究の技能」含有率の算出

　図2-1に示した「クラスター内『探究の技能』含有率の算出方法」（長谷川ら，2013）を基に，「そのクラスターにおけるある下位技能を含む観察・実験

表 3-1　第 1 学年の教科書に掲載されている観察・実験等

	単元	領域	種類	探究	観察・実験名	番号
1	いろいろな生物とその共通点	生命	観察		生物の観察	1
			実習	○	生物を分類する	2
			観察	○	花のつくり	3
			観察		動物の分類	4
2	身の回りの物質	粒子	実験	○	物質を加熱して分類する	5
			実験	○	未知の物質の物質名をつきとめる	6
			実験	○	水溶液から溶質を取り出す	7
			実験	○	酸素と二酸化炭素を発生させて区別する	8
			実験	○	状態変化と体積、質量の変化	9
			観察	○	水とエタノールの混合物を分ける	10
3	身近な物理現象	エネルギー	観察	○	光の反射のしかた	11
			実験	○	光が物体を通るときの進み方	12
			観察	○	凸レンズによってできる像の決まり	13
			実験		音の伝わり方を確かめる	14
			実験	○	音の大小や高低と音源の振動との関係	15
			観察		力による現象を分類する	16
			実験	○	ばねの伸びと力の関係	17
			実験	○	物体が力を受けても動かなくなる条件	18
4	大地の成り立ちと変化	地球	観察		地層や地形の観察	19
			観察	○	火山灰にふくまれる物質	20
			観察	○	火成岩のつくり	21
			観察	○	堆積岩の分類	22
			観察	○	地域の過去を読み取る	23
			実習	○	地震のゆれの伝わり方	24
			調査	○	大地の変動に関わる恵みや災害	25

注）○印は，探究を通して課題を解決する学習として掲載されている観察・実験等を示す。

表 3-2　第 2 学年の教科書に掲載されている観察・実験等

単元	領域	種類	探究	観察・実験名	番号
1 化学変化と原子・分子	粒子	実験	○	物質そのものの変化	26
		実験	○	鉄と硫黄の結びつき	27
		実験	○	水に電流を流したときの変化	28
		実験	○	炭酸水素ナトリウムの分解	29
		実験	○	化学変化の前後における物質の質量	30
		実験	○	金属と結びつく酸素の質量	31
		実習	○	化学変化を化学反応式で表す	32
		実験	○	酸化銅から銅を取り出す	33
		実験		化学変化にともなう熱の出入り	34
2 生物の体のつくりと働き	生命	観察		顕微鏡を使って表皮を観察する	35
		観察	○	細胞のつくり	36
		観察	○	植物が水を運ぶつくり	37
		実験	○	養分をつくるために必要な条件	38
		観察	○	デンプンのできる場所	39
		実習	○	デンプンの原料	40
		実験	○	だ液のはたらき	41
		実験	○	反応が伝わる経路	42
		実習		ひざをたたいたときに、足が上がるまでの時間を求める	43
		実習	○	植物や動物の生命の維持のしかたをまとめる	44
3 電流とその利用	エネルギー	実験	○	豆電球と電流	45
		実験	○	直列回路と並列回路の電流	46
		実験	○	直列回路と並列回路の電圧	47
		実験	○	電圧と電流の関係	48
		実験	○	抵抗器の発熱と電力・時間の関係	49
		観察	○	電流と磁界の関係	50
		観察	○	コイルと磁石ではたらく力	51
		観察	○	電流を取り出す	52
		実験	○	電子にはたらく力	53
4 気象とその変化	地球	観測	○	気象要素の関係	54
		実験		力・面積・圧力の関係	55
		実験		大気圧を求める	56
		実験	○	空気を冷やして露点を求める	57
		観察	○	実験室で雲をつくる	58
		調査	○	気象に関わる恵みや災害	59

注）○印は，探究を通して課題を解決する学習として掲載されている観察・実験等を示す。

表3-3　第３学年の教科書に掲載されている観察・実験等

	単元	領域	種類	探究	観察・実験名	番号
1	運動と エネルギー	エネルギー	実験		水中の物体にはたらく力	60
			実験	○	水中の物体にはたらく力	61
			実験	○	いろいろな向きの２力の合力	62
			実験		物体の運動の記録	63
			実験	○	斜面を下る物体にはたらく力	64
			実験	○	斜面を下る台車の運動	65
			実習		ドライアイスの運動	66
			実験	○	滑車のはたらき	67
			実験	○	位置エネルギーを決める要素	68
			実験	○	運動エネルギーを決める要素	69
			実験		エネルギーの移り変わり	70
			実験		利用できるエネルギーの減少	71
2	生命の 連続性	生命	観察	○	根の伸び方	72
			演習		いろいろな生殖と親子の特徴	73
			観察	○	被子植物の受精の方法	74
			実習	○	メンデルの実験を遺伝子で説明する	75
			観察	○	土中の微生物のはたらき	76
3	化学変化と イオン	エネルギー	実験	○	電流が流れる水溶液	77
			実験	○	塩化銅水溶液の電気分解	78
			実験		電気分解をイオンの化学式から予想する	79
			実験	○	酸の正体	80
			実験	○	アルカリの正体	81
			実験	○	酸とアルカリを混ぜ合わせる	82
			実験		金属の種類によるイオンへのなりやすさ	83
			実験		ダニエル電池をつくる	84
			実習	○	ダニエル電池の原理	85
4	地球と宇宙	地球	観測	○	太陽の表面のようすを調べる	86
			観測	○	月の位置と形の変化を観測する	87
			実習		天体の特徴	88
			観測	○	太陽の動きと観測者の関係	89
			実習	○	１日の星の動きと観測者の関係	90
			実習	○	季節による星座の移り変わり	91
			実習		金星の満ち欠けモデル	92
5	自然・科学 技術と人間	その他	調査	○	身のまわりの自然環境の調査	93
			調査	○	身のまわりの技術の調査	94

注)　○印は，探究を通して課題を解決する学習として掲載されている観察・実験等を示す。

等の数」を，「そのクラスターに属する観察・実験等の総数」で割った値（百分率）を算出し，それぞれグラフ化した。

第2節　中学校理科教科書に掲載されている観察・実験等の分析結果

2-1　「探究の技能」の分析

　「探究の技能」に関する一連の分析・解釈は，理科教育学研究者1名（筆者）と高校理科教員1名，大学院生2名で行った。まず，4名の著者がそれぞれ独立して，第1学年の初発の単元「生物の観察」から第3学年の最終単元「身のまわりの技術の調査」までの観察・実験等を教科書に掲載されている順に，「探究の技能」の下位技能が含まれているか否か検討した。具体的には，3学年分の全観察・実験等の数は94，「探究の技能」の下位技能は31であることから，計2,914項目について検討し，下位技能が含まれている場合は1，含まれていない場合は0として得点化した。

　次に，4人で複数回の協議を重ね，分析・解釈の不一致点をすべて解消した後，その結果を筆者が教科書掲載順に学年ごとの一覧表に整理した。そして，この一覧表に基づき，再度，高校教員と大学院生がそれぞれ独立して分析・解釈を行い，その解釈に関して適宜，筆者と討議し，不一致点をすべて解消した。最後に，これまでの討議結果を踏まえ，最終的に導き出した分析結果を筆者が教科書掲載順に学年ごとの一覧表に整理した。

2-2　クラスター分析

　階層クラスター分析により出力されたデンドログラムを図3-1に示す。クラスターの結合距離5を境としてクラスターを6つとした。CとDクラスター，BとEクラスターがそれぞれ類似した傾向を示し，その後，結合することが示された。また，AとFクラスターが類似した傾向を示すことが示された。さらに，各クラスターに含まれる観察・実験等のタイトルの一覧を表3-4〜表3-6に示す。

　Cクラスターは17（エネルギー6，粒子7，生命0，地球4），Dクラスターは15（エネルギー11，粒子1，生命0，地球3），Bクラスターは20（エネルギー1，粒子12，生命6，地球1），Eクラスターは14（エネルギー5，粒子0，生命5，地球4），Aクラスターは19（エネルギー3，粒子3，生命6，地球6，その他1），Fクラスターは9（エネルギー3，粒子1，生命2，地球2，その他1）の観察・実験等が含まれていた。

　なお，本章では，図3-1に示されたデンドログラムのクラスター結合距離に従い，C，D，B，E，A，Fクラスターの順に述べていく。

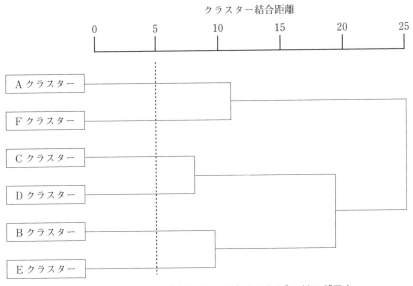

図3-1　クラスター分析により出力されたデンドログラム

表3-4 C，Dクラスターに属する観察・実験等の内訳

番号	学年	領域	種類	探究	観察・実験名
6	1	粒子	実験	○	未知の物質の物質名をつきとめる
7	1	粒子	実験	○	水溶液から溶質を取り出す
9	1	粒子	実験	○	状態変化と体積，質量の変化
10	1	粒子	観察	○	水とエタノールの混合物を分ける
18	1	エネルギー	実験	○	物体が力を受けても動かなくなる条件
20	1	地球	観察	○	火山灰にふくまれる物質
21	1	地球	観察	○	火成岩のつくり（2）
22	1	地球	観察	○	堆積岩の分類
26	2	粒子	実験	○	物質そのものの変化
28	2	粒子	実験	○	水に電流を流したときの変化
30	2	粒子	実験	○	化学変化の前後における物質の質量（2）
45	2	エネルギー	実験	○	豆電球と電流
46	2	エネルギー	実験	○	直列回路と並列回路の電流（2）
47	2	エネルギー	実験	○	直列回路と並列回路の電圧（2）
54	2	地球	観測	○	気象要素の関係
62	3	エネルギー	実験	○	いろいろな向きの2力の合力
67	3	エネルギー	実験	○	滑車のはたらき
11	1	エネルギー	観察	○	光の反射のしかた
12	1	エネルギー	実験	○	光が物体を通るときの進み方
13	1	エネルギー	観察	○	凸レンズによってできる像の決まり
17	1	エネルギー	実験	○	ばねの伸びと力の関係
31	2	粒子	実験	○	金属と結びつく酸素の質量
48	2	エネルギー	実験	○	電圧と電流の関係
49	2	エネルギー	実験	○	抵抗器の発熱と電力・時間の関係（2）
57	2	地球	実験	○	空気を冷やして露点を求める
58	2	地球	観察	○	実験室で雲をつくる
61	3	エネルギー	実験	○	水中の物体にはたらく力（浮力）（2）
64	3	エネルギー	実験	○	斜面を下る物体にはたらく力
65	3	エネルギー	実験	○	斜面を下る台車の運動（2）
68	3	エネルギー	実験	○	位置エネルギーを決める要素
69	3	エネルギー	実験	○	運動エネルギーを決める要素
89	3	地球	観測	○	太陽の動きと観測者の関係

表3-5　B, Eクラスターに属する観察・実験等の内訳

番号	学年	領域	種類	探究	観察・実験名
3	1	生命	観察	○	花のつくり
5	1	粒子	実験	○	物質を加熱して分類する
8	1	粒子	実験	○	酸素と二酸化炭素を発生させて区別する
24	1	地球	実習	○	地震のゆれの伝わり方（2）
27	2	粒子	実験	○	鉄と硫黄の結びつき
29	2	粒子	実験	○	炭酸水素ナトリウムの分解
33	2	粒子	実験	○	酸化銅から銅を取り出す
36	2	生命	観察	○	細胞のつくり
37	2	生命	観察	○	植物が水を運ぶつくり（3）
53	2	エネルギー	実験	○	電子にはたらく力
72	3	生命	観察	○	根の伸び方
74	3	生命	観察	○	被子植物の受精の方法
75	3	生命	実習	○	メンデルの実験を遺伝子で説明する
77	3	粒子	実験	○	電流が流れる水溶液
78	3	粒子	実験	○	塩化銅水溶液の電気分解
79	3	粒子	実験	○	電気分解をイオンの化学式から予想する
80	3	粒子	実験	○	酸の正体
81	3	粒子	実験	○	アルカリの正体
82	3	粒子	実験	○	酸とアルカリを混ぜ合わせる
85	3	粒子	実習	○	ダニエル電池の原理
15	1	エネルギー	実験	○	音の大小や高低と音源の振動との関係
38	2	生命	実験	○	養分をつくるために必要な条件（4）
39	2	生命	観察	○	デンプンのできる場所
40	2	生命	実験	○	デンプンの原料
41	2	生命	実験	○	だ液のはたらき
50	2	エネルギー	観察	○	電流と磁界の関係
51	2	エネルギー	観察	○	コイルと磁石ではたらく力
52	2	エネルギー	観察	○	電流を取り出す
60	3	エネルギー	実験		水中の物体にはたらく力（水圧）
76	3	生命	観察	○	土中の微生物のはたらき
87	3	地球	観測	○	月の位置と形の変化を観測する
90	3	地球	実習	○	1日の星の動きと観測者の関係
91	3	地球	実習	○	季節による星座の移り変わり
92	3	地球	実習		金星の満ち欠けモデル

表3-6　A, Fクラスターに属する観察・実験等の内訳

番号	学年	領域	種類	探究	観察・実験名
1	1	生命	観察		生物の観察
2	1	生命	実習	○	生物を分類する
4	1	生命	観察		動物の分類
14	1	エネルギー	実験		音の伝わり方を確かめる
16	1	エネルギー	観察		力による現象を分類する
19	1	地球	観察		地層や地形の観察
23	1	地球	観察	○	地域の過去を読み取る
25	1	地球	調査	○	大地の変動に関わる恵みや災害
32	1	粒子	実習	○	化学変化を化学反応式で表す
35	2	生命	観察		顕微鏡を使って表皮を観察する
44	2	生命	実習	○	植物や動物の生命の維持のしかたをまとめる
59	2	地球	調査	○	気象に関わる恵みや災害
70	2	エネルギー	実験		エネルギーの移り変わり
73	3	生命	演習		いろいろな生殖と親子の特徴
83	3	粒子	実験		金属の種類によるイオンへのなりやすさ
84	3	粒子	実験		ダニエル電池をつくる
86	3	地球	観測	○	太陽の表面のようすを調べる
88	3	地球	実習		天体の特徴
94	3	その他	調査	○	身のまわりの技術の調査
34	2	粒子	実験		化学変化にともなう熱の出入り
42	2	生命	実験	○	反応が伝わる経路
43	2	生命	実習		ひざをたたいたときに，足が上がるまでの時間を求める
55	2	地球	実験		力・面積・圧力の関係
56	2	地球	実験		大気圧を求める
63	3	エネルギー	実験		物体の運動の記録
66	3	エネルギー	実習		ドライアイスの運動
71	3	エネルギー	実験		利用できるエネルギーの減少
93	3	その他	調査	○	身のまわりの自然環境の調査

2－3　クラスター内「探究の技能」含有率の算出

　図2-1に示した「クラスター内『探究の技能』含有率の算出方法」（長谷川ら，2013）に従い，得られた値をそれぞれグラフ化した（図3-2〜図3-7）。以下，得られたグラフを踏まえ，各クラスターの探究的特徴を述べていく（表3-7）。

2－3－1　Cクラスターの探究的特徴

　図3-2に示したように，Cクラスターは，「1　事象を理解・把握するために観察する技能」の「1-1　五感を通して得た事象のようすや性質等を記録する」「3　観察・実験のための仮説を立てる技能」の「3-2　予想や仮説を立てる」「3-4　予想や仮説を確かめる実験の計画を立てる」「3-6　観察・実験の結果の考察に基づいて，予想や仮説の不支持を明らかにして，必要に応じて予想や仮説を修正する」「5　観察・実験で測定する技能」の「5-1　測定の目的に応じて適切な計測器を使用する」を必ず含んでいる。

　また，「1　事象を理解・把握するために観察する技能」の「1-2　数値を用いて観察したことを記録する」「3　観察・実験のための仮説を立てる技能」の「3-1　観察した事象から生じた疑問や問題を特定する」「3-3　仮説を立てた根拠を示す」「5　観察・実験で測定する技能」の「5-2　最小目盛りに着目して正確に数値を読み取る」「5-4　長さ，面積，体積，質量などの量を見積もったり，測定器具の秤量・感量および測定誤差を考慮して意味のある測定値（有効数字）を示したりできる」「7　要因の抽出や観察・実験結果について推論する技能」の「7-2　観察の結果や測定結果を帰納的に思考して規則性や共通性を導く」を多く含んでいる。

　さらに，表3-4のCクラスターに属する17の観察・実験等の内訳を見ると，予想や仮説，実験計画を立てた上で，計測器を用いて最小目盛りに着目して計測し，数値とグラフを用いて記録する学習が含まれる傾向が示されるとともに，すべて探究を通して課題を解決する学習として掲載されている観察・実験等であることが明らかとなった。

　以上のことから，Cクラスターは，仮説や実験計画を立てて，事象のようす

や性質，特徴を観測したり計測したりして定量的に捉え，帰納的に思考する群であると解釈した。

2−3−2　Dクラスターの探究的特徴

　図3-3に示したように，Dクラスターは，他のクラスターと比較すると，「探究の技能」を多く含む傾向がある。特に，「1　事象を理解・把握するために観察する技能」の「1-1　五感を通して得た事象のようすや性質等を記録する」「1-2　数値を用いて観察したことを記録する」「1-3　観察した事象の変化のようすや変化の特徴を記録する」「3　観察・実験のための仮説を立てる技能」の「3-1　観察した事象から生じた疑問や問題を特定する」「3-2　予想や仮説を立てる」「3-4　予想や仮説を確かめる実験の計画を立てる」「3-5　実験において独立変数を変化させると従属変数がどのように変化していくかについて予想する」「3-6　観察・実験の結果の考察に基づいて，予想や仮説の不支持を明らかにして，必要に応じて予想や仮説を修正する」「4　観察・実験で変数を制御する技能」の「4-1　事象の変化に影響を及ぼす可能性のある独立変数や従属変数を指摘する」「5　観察・実験で測定する技能」の「5-1　測定の目的に応じて適切な計測器を使用する」「5-4　長さ，面積，体積，質量などの量を見積もったり，測定器具の秤量・感量および測定誤差を考慮して意味のある測定値（有効数字）を示したりできる」「6　データを解釈する技能」の「6-2　測定値の分布，平均値，度数分布等から事象の変化の特徴を読み取る」を必ず含んでいる。

　さらに，表3-4のDクラスターに属する15の観察・実験等の内訳を見ると，仮説や実験計画を立てて検証実験を行うにあたり，複数の独立変数を制御し，測定により定量的に従属変数を求めたり，得られたデータを表に整理しグラフ化したりする学習が多く含まれていることが示されるとともに，すべて探究を通して課題を解決する学習として掲載されている観察・実験等であることが明らかとなった。

　以上のことから，Dクラスターは，仮説や実験計画を立てて，独立変数を制御し，従属変数の変化のようすを測定して定量的に捉え，収集したデータを

表に整理したりグラフ化したりして，帰納的に思考する群であると解釈した。

2－3－3　Ｂクラスターの探究的特徴

　図3-4に示したように，Ｂクラスターは，「3　観察・実験のための仮説を立てる技能」の「3-2　予想や仮説を立てる」を必ず含んでいる。また，「1　事象を理解・把握するために観察する技能」の「1-1　五感を通して得た事象のようすや性質等を記録する」「1-3　観察した事象の変化のようすや変化の特徴を記録する」「2　分類の基準に基づいて分類する技能」の「2-1　分類する観点・基準（操作的定義なども含む）に基づいて識別する」「3　観察・実験のための仮説を立てる技能」の「3-1　観察した事象から生じた疑問や問題を特定する」「3-3　仮説を立てた根拠を示す」「3-4　予想や仮説を確かめる実験の計画を立てる」「3-6　観察・実験の結果の考察に基づいて，予想や仮説の不支持を明らかにして，必要に応じて予想や仮説を修正する」「6　データを解釈する技能」の「6-4　観察した事柄や実験の結果についてモデルを使って考察する」「7　要因の抽出や観察・実験結果について推論する技能」の「7-2　観察の結果や測定結果を帰納的に思考して規則性や共通性を導く」を多く含む傾向がある。

　さらに，表3-5のＢクラスターに属する20の観察・実験等の内訳を見ると，事象のようすや性質，変化の特徴を定性的に捉えたり，根拠のある仮説や実験計画を立てて検証実験を行い，検証結果を踏まえて仮説の修正を行ったりするものが多いこと，他のクラスターと比較すると，観点や基準に基づいて分類したり，得られた結果についてモデルを使って考察したりする学習が多く含まれていることが示されるとともに，すべて探究を通して課題を解決する学習として掲載されている観察・実験等であることが明らかとなった。

　以上のことから，Ｂクラスターは，仮説や実験計画を立てて，事象のようすや性質，変化の特徴を定性的に捉え，分類の観点・基準に基づいて識別したり，モデルを使って考察したりして，帰納的に思考する群であると解釈した。

2－3－4　Ｅクラスターの探究的特徴

　図3-5に示したように，Ｅクラスターは，「1　事象を理解・把握するために観察する技能」の「1-1　五感を通して得た事象のようすや性質等を記録する」「1-3　観察した事象の変化のようすや変化の特徴を記録する」「3　観察・実験のための仮説を立てる技能」の「3-5　実験において独立変数を変化させると従属変数がどのように変化していくかについて予想する」「4　観察・実験で変数を制御する技能」の「4-1　事象の変化に影響を及ぼす可能性のある独立変数や従属変数を指摘する」を必ず含んでいる。

　また，「1　事象を理解・把握するために観察する技能」「3　観察・実験のための仮説を立てる技能」「4　観察・実験で変数を制御する技能」「7　要因の抽出や観察・実験結果について推論する技能」の「7-2　観察の結果や測定結果を帰納的に思考して規則性や共通性を導く」を多く含む傾向がある。

　さらに，表3-5のＥクラスターに属する14の観察・実験等の内訳を見ると，仮説や実験計画を立てて検証実験を行うにあたり，変数を制御する活動が多いこと，複数の独立変数を制御し，従属変数の変化のようすや特徴を定性的に捉えていく学習が多く含まれていることが明らかとなった。加えて，12（85.7%）の観察・実験等については，探究を通して課題を解決する学習として掲載されていることがわかった。

　以上のことから，Ｅクラスターは，仮説や実験計画を立てて，独立変数を制御し，従属変数の変化のようすや特徴を定性的に捉え，帰納的に思考する群であると解釈した。

2－3－5　Ａクラスターの探究的特徴

　図3-6に示したように，Ａクラスターは，他のクラスターと比較すると，含まれる「探究の技能」が少ない傾向にある。「1　事象を理解・把握するために観察する技能」の「1-1　五感を通して得た事象のようすや性質等を記録する」「1-5　事物の構造や位置関係の特徴を記録する」「2　分類の基準に基づいて分類する技能」の「2-1　分類する観点・基準（操作的定義なども含む）に基づいて識別する」「2-2　分類する基準をもとに事象を階層的に比較したり識

別したりする」「7　要因の抽出や観察・実験結果について推論する技能」の「7-2　観察の結果や測定結果を帰納的に思考して規則性や共通性を導く」を含む傾向が見られるものの，その他の「探究の技能」は少ない傾向にある。

さらに，表3-6のAクラスターに属する19の観察・実験等の内訳を見ると，五感を通して得た事象のようすや性質を記録したり，観点や基準に基づいて分類したりする学習が多いことが示されるとともに，8（42.1%）の観察・実験等については，探究を通して課題を解決する学習として掲載されていることがわかった。

以上のことから，Aクラスターは，事象のようすや性質，構造等を観察し，その特徴を定性的に捉えて記録したり，分類の観点・基準に基づいて識別したりする群であると解釈した。

2-3-6　Fクラスターの探究的特徴

図3-7に示したように，Fクラスターは，「1　事象を理解・把握するために観察する技能」の「1-2　数値を用いて観察したことを記録する」「3　観察・実験のための仮説を立てる技能」の「3-5　実験において独立変数を変化させると従属変数がどのように変化していくかについて予想する」「4　観察・実験で変数を制御する技能」の「4-1　事象の変化に影響を及ぼす可能性のある独立変数や従属変数を指摘する」「5　観察・実験で測定する技能」の「5-4　長さ，面積，体積，質量などの量を見積もったり，測定器具の秤量・感量および測定誤差を考慮して意味のある測定値（有効数字）を示したりできる」「6　データを解釈する技能」の「6-5　観察・実験の結果について観点を決めて表にまとめる」「7　要因の抽出や観察・実験結果について推論する技能」の「7-2　観察の結果や測定結果を帰納的に思考して規則性や共通性を導く」を必ず含んでいる。

また，「1　事象を理解・把握するために観察する技能」の「1-1　五感を通して得た事象のようすや性質等を記録する」「5　観察・実験で測定する技能」の「5-1　測定の目的に応じて適切な計測器を使用する」「5-3　測定値から目的に応じて物理量を計算で求める」を多く含む傾向がある。

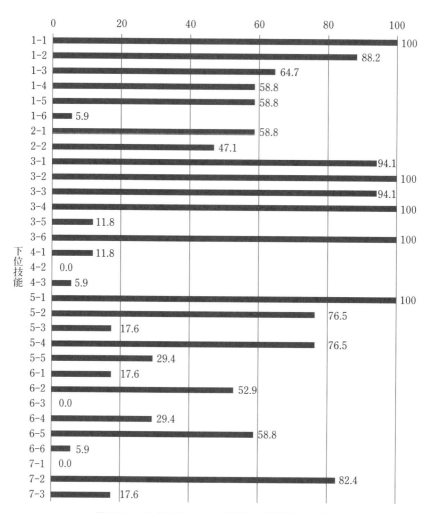

図 3-2　C クラスター内「探究の技能」含有率

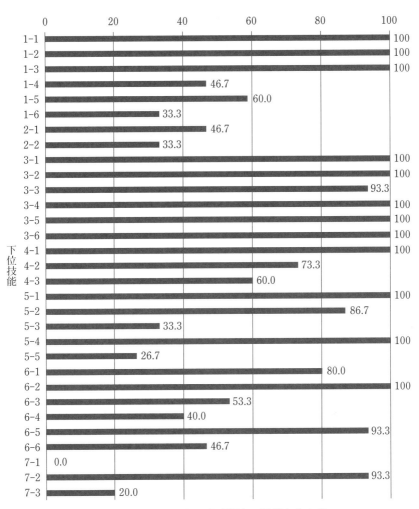

図3-3　Dクラスター内「探究の技能」含有率

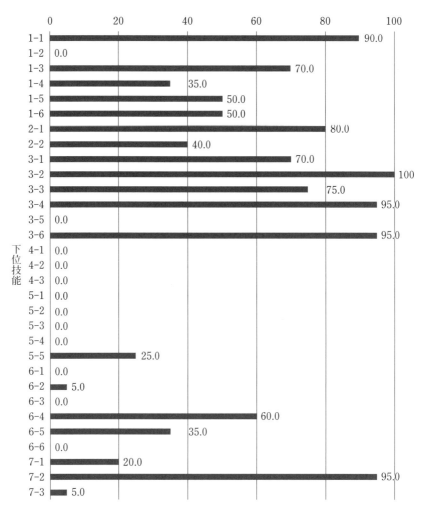

図3-4　Bクラスター内「探究の技能」含有率

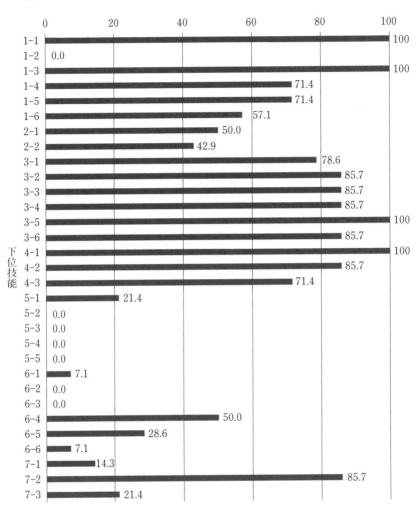

図 3-5　E クラスター内「探究の技能」含有率

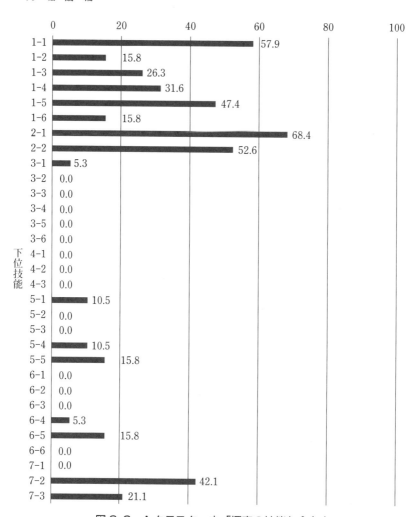

図3-6　Ａクラスター内「探究の技能」含有率

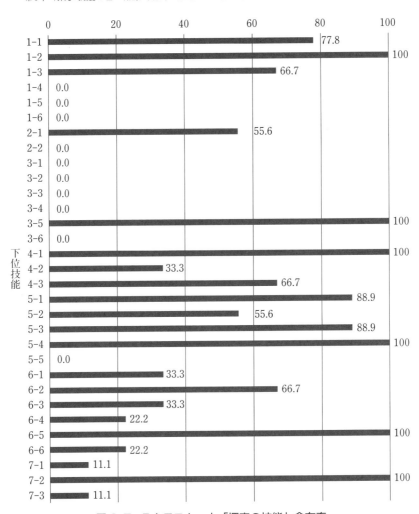

図3-7 Fクラスター内「探究の技能」含有率

表3-7 各クラスターの探究的特徴

クラスター	各クラスターの探究的特徴
A（19）	事象のようすや性質，構造等を観察し，その特徴を定性的に捉えて記録したり，分類の観点・基準に基づいて識別したりする群
B（20）	仮説や実験計画を立てて，事象のようすや性質，変化の特徴を定性的に捉え，分類の観点・基準に基づいて識別したり，モデルを使って考察したりして，帰納的に思考する群
C（17）	仮説や実験計画を立てて，事象のようすや性質，特徴を観測したり計測したりして定量的に捉え，帰納的に思考する群
D（15）	仮説や実験計画を立てて，独立変数を制御し，従属変数の変化のようすを測定して定量的に捉え，収集したデータを表に整理したりグラフ化したりして，帰納的に思考する群
E（14）	仮説や実験計画を立てて，独立変数を制御し，従属変数の変化のようすや特徴を定性的に捉え，帰納的に思考する群
F（9）	事象の変化に影響を及ぼす独立変数や従属変数を指摘したり，因果関係を有する単純な事象の変化を測定して定量的に捉え，収集したデータを表に整理したりして，帰納的に思考する群

注）（ ）内は観察・実験等の数を示し，合計は94である。

　さらに，表3-6のFクラスターに属する9の観察・実験等の内訳を見ると，計測器を用いて計測し，得られた数値を表にまとめて記録する学習が含まれる傾向が示されるとともに，2（22.2%）の観察・実験等については，探究を通して課題を解決する学習として掲載されていることがわかった。

　以上のことから，Fクラスターは，事象の変化に影響を及ぼす独立変数や従属変数を指摘したり，因果関係を有する単純な事象の変化を測定して定量的に捉え，収集したデータを表に整理したりして，帰納的に思考する群であると解釈した。

第3節　総合考察

3−1　先行研究（長谷川ら，2013）との比較検討

　「探究の技能」の傾向により，長谷川ら（2013）では69の観察・実験等を6つに分類している一方，本章では94のそれを6つに類型化されることが示された。ここで，両研究の相違点を浮き彫りにするために，長谷川（2012）[3] に基づき，各クラスターが含有している特徴的な技能を「定性的・定量的」「仮説設定の有無」「変数制御の有無」といった3観点で整理した（表3-8，3-9）。なお，「仮説設定の有無」については，予想と仮説を厳密に区別せずに整理していることを断っておく。

　まず，表3-8に示したように，本章で得られたAクラスターに含まれる観察・実験等は19あり，仮説を立てず，定性的に結果を導き出すという特徴がある。Bクラスターに含まれる観察・実験等は20あり，仮説を立てて，定性的に結果を導き出すという特徴がある。Cクラスターに含まれる観察・実験等は17あり，仮説を立てて，定量的に結果を導き出すという特徴がある。Dクラスターに含まれる観察・実験等は15あり，仮説を立てて，変数を制御し，定量的に導き出すという特徴がある。Eクラスターに含まれる観察・実験等は14あり，仮説を立てて，変数を制御し，定性的に結果を導き出すという特徴がある。Fクラスターに含まれる観察・実験等は9あり，仮説を立てず，変数を制御し，定量的に結果を導き出すという特徴がある。

　次に，表3-8，3-9を踏まえ，本章と長谷川ら（2013）との対応関係を整理し（表3-10），各観点における両研究の観察・実験等の数を直接確率計算（正確二項検定）で検討した。表3-10に示したように，有意な増加が認められた観点は，「定性的，仮説設定」（0→20），「定量的，仮説設定」（0→17），「定性的，仮説設定，変数制御」（0→14）および「定量的，変数制御」（0→9）であった。逆に，有意な減少が認められた観点は，「定性的，変数制御」（7→0），「定量的」（6→0）であった。

　これらのことから，本章で得られたBクラスター（定性的，仮説設定）の

ように「仮説や実験計画を立てて，事象のようすや性質，変化の特徴を定性的に捉え，分類の観点・基準に基づいて識別したり，モデルを使って考察したりして，帰納的に思考する群」および C クラスター（定量的，仮説設定）のように「仮説や実験計画を立てて，事象のようすや性質，特徴を観測したり計測したりして定量的に捉え，帰納的に思考する群」が，長谷川ら（2013）よりも有意に増加していることが明らかとなった。

さらに，各クラスターが含有している特徴的な技能の観点の個々について，それらが含まれている観察・実験等の数を本章と長谷川ら（2013）とで比較したところ（表 3-11），有意な増加が認められた観点は「仮説設定」（26 → 66）であった。

3-2 各学年の観察・実験等の傾向

まず，各クラスターを独立変数，学年を従属変数として χ^2 検定および残差分析を行った（表 3-12）。χ^2 検定の結果，クラスターごとの各学年に含まれる観察・実験等の数の割合の偏りには有意傾向が見られた（$\chi^2(10) = 16.46$，$.05 < p < .10$）。残差分析の結果，C クラスターでは第 1 学年の観察・実験等が有意に多く，第 3 学年のそれが有意に少なかった。

次に，本章で得られた 6 つのクラスターが含有している探究的な技能（「定性的・定量的」「仮説設定の有無」「変数制御の有無」）に基づいて解釈した，各学年の観察・実験等の傾向を述べる。

第 1 学年では，表 3-8，3-12 に示したように，「定性的・定量的」については，定性的なクラスター（A，B，E）が 13，定量的なクラスター（C，D，F）が 12 であり，両者に有意な差は見られなかった（正確二項検定，*n.s.*）。「仮説設定の有無」については，仮説を設定するクラスター（B，C，D，E）が 17，設定しないクラスター（A，F）が 8 であり，両者に有意な差は見られなかった（正確二項検定，*n.s.*）。「変数制御の有無」については，変数を制御するクラスター（D，E，F）が 5，制御しないクラスター（A，B，C）が 20 であり，両者に有意な差が認められた（正確二項検定，$p < .01$）。

これらのことから，第 1 学年の観察・実験等には，事象のようすや性質，構

造，変化の特徴を定性的・定量的に記録させたり，分類の観点・基準に基づいて定性的に識別させたりする傾向があると言える。さらに，表3-12に示したように，Cクラスターの観察・実験等（例：「未知の物質の物質名をつきとめる」「状態変化と体積，質量の変化」）が第3学年と比較して有意に多いことから，単純な事象のようすや性質を観測したり計測したりする定量的な観察・実験等を対象に，仮説や実験計画を立てて探究する傾向があると言える。

　第2学年では，表3-8，3-12に示したように，「定性的・定量的」については，定性的なクラスター（A，B，E）が17，定量的なクラスター（C，D，F）が17であり，両者に有意な差は見られなかった（正確二項検定，*n.s.*）。「仮説設定の有無」については，仮説を設定するクラスター（B，C，D，E）が25，設定しないクラスター（A，F）が9であり，両者に有意な差が認められた（正確二項検定，$p < .01$）。「変数制御の有無」については，変数を制御するクラスター（D，E，F）が17，制御しないクラスター（A，B，C）が17であり，両者に有意な差は見られなかった（正確二項検定，*n.s.*）。

　これらのことから，第2学年の観察・実験等には，仮説や実験計画を立てて，事象のようすや性質，変化の特徴を定性的・定量的に捉えさせたり，独立変数を制御し，従属変数の変化のようすや特徴を定性的・定量的に捉えさせたりする傾向があること，定性的な結果についてはモデルを使ったり，定量的な結果については表に整理しグラフ化したりして考察する傾向があると言える。

　第3学年では，表3-8，3-12に示したように，「定性的・定量的」については，定性的なクラスター（A，B，E）が23，定量的なクラスター（C，D，F）が12であり，両者に有意な差は見られなかった（正確二項検定，*n.s.*）。「仮説設定の有無」については，仮説を設定するクラスター（B，C，D，E）が24，設定しないクラスター（A，F）が11であり，両者に有意な差が認められた（正確二項検定，$p < .05$）。「変数制御の有無」については，変数を制御するクラスター（D，E，F）が16，制御しないクラスター（A，B，C）が19であり，両者に有意な差は見られなかった（正確二項検定，*n.s.*）。

　これらのことから，第3学年の観察・実験等には，第2学年と同様の傾向があると言える。

3-3 第2章との対応関係

　ここでは，第2章（山田ら，2021）で示されたＹ社の小学校理科教科書に掲載されている観察・実験等の探究的特徴（表2-15，2-19）と，本章で得られた知見（表3-7，3-8）との対応関係について考察する。

　小学校のＡクラスター「事象のようすや性質，変化の特徴を計測したり観察したりして，帰納的に思考する群」は，中学校のＣクラスター「仮説や実験計画を立てて，事象のようすや性質，特徴を観測したり計測したりして定量的に捉え，帰納的に思考する群」と対応していると解釈した。

　小学校のＢクラスター「仮説を立てて，独立変数を制御し，従属変数の変化を定性的に捉え，帰納的に思考する群」は，中学校のＥクラスター「仮説や実験計画を立てて，独立変数を制御し，従属変数の変化のようすや特徴を定性的に捉え，帰納的に思考する群」と対応していると解釈した。

　小学校のＣクラスター「仮説を立てて，独立変数を制御し，従属変数の変化を測定して定量的に捉え，帰納的に思考する群」は，中学校のＤクラスター「仮説や実験計画を立てて，独立変数を制御し，従属変数の変化のようすを測定して定量的に捉え，収集したデータを表に整理したりグラフ化したりして，帰納的に思考する群」と対応していると解釈した。

　小学校のＤクラスター「事象のようすや性質，構造等を調べ，記録を行い，分類の観点に基づき定性的に識別し，帰納的に思考する群」は，中学校のＡクラスター「事象のようすや性質，構造等を観察し，その特徴を定性的に捉えて記録したり，分類の観点・基準に基づいて識別したりする群」と対応していると解釈した。

　小学校のＥクラスター「仮説を立てて，事象のようすや性質，変化の特徴を定性的に捉え，帰納的に思考する群」は，中学校のＢクラスター「仮説や実験計画を立てて，事象のようすや性質，変化の特徴を定性的に捉え，分類の観点・基準に基づいて識別したり，モデルを使って考察したりして，帰納的に思考する群」と対応していると解釈した。

　小学校のＦクラスター「仮説を立てて，因果関係を有する単純な事象のようすや性質，構造等を観察したり，変化の特徴を計測して収集した定量的な

表3-8　本章で得られた各クラスターが含有している
特徴的な技能の観点

クラスター	特徴的な技能の観点		
A（19）	定性的	－	－
B（20）	定性的	仮説設定	－
C（17）	定量的	仮説設定	－
D（15）	定量的	仮説設定	変数制御
E（14）	定性的	仮説設定	変数制御
F（9）	定量的	－	変数制御

注）（　）内は観察・実験等の数を示し，合計は94である。

表3-9　長谷川ら（2013）で得られた各クラスターが
含有している特徴的な技能の観点

クラスター	特徴的な技能の観点		
A（14）	定性的	－	－
B（16）	定性的	－	－
C（7）	定性的	仮説設定	変数制御
D（6）	定量的	仮説設定	－
E（6）	定量的	仮説設定	変数制御
F（20）	定量的	仮説設定	変数制御

注）（　）内は観察・実験等の数を示し，合計は69である。

表3-10　特徴的な技能の観点における対応関係

特徴的な技能の観点	クラスター	
	本章	長谷川ら
定性的	A（19）	A（14）B（16）
定性的，仮説設定	*B（20）*	－
定量的，仮説設定	*C（17）*	－
定量的，仮説設定，変数制御	D（15）	E（6）F（20）
定性的，仮説設定，変数制御	*E（14）*	－
定量的，　　　　変数制御	*F（9）*	－
定性的，　　　　変数制御	－	*C（7）*
定量的	－	*D（6）*

注）（　）内は観察・実験等の数，太字斜体は有意を示す。

表 3-11 特徴的な技能の観点における観察・実験等の数
の比較

特徴的な技能の観点	観察・実験等の数（%）	
	本章	長谷川ら
定量的	41 (43.6)	32 (46.4)
定性的	53 (56.4)	37 (53.6)
仮説設定	*66 (70.2)*	*26 (37.7)*
変数制御	38 (40.4)	33 (47.8)

注）%を算出するにあたり，分母となる観察・実験等の総
数は，本章が94，長谷川らが69である。
太字斜体は有意を示す。

表 3-12 各クラスターと学年による観察・実験等の数

クラスター		学年		
		第1学年	第2学年	第3学年
C	度数	8	7	2
	期待度数	4.5	6.2	6.3
	調整済残差	*2.1*	0.5	*−2.4*
D	度数	4	5	6
	期待度数	4.0	5.4	5.6
	調整済残差	0.0	−0.3	0.2
B	度数	4	6	10
	期待度数	5.3	7.2	7.5
	調整済残差	−0.8	−0.7	1.3
E	度数	1	7	6
	期待度数	3.7	5.1	5.2
	調整済残差	−1.8	1.2	0.5
A	度数	8	4	7
	期待度数	5.1	6.9	7.1
	調整済残差	1.7	−1.5	0.0
F	度数	0	5	4
	期待度数	2.4	3.3	3.4
	調整済残差	−1.9	1.3	0.5
合計	度数	25	34	35

注）太字斜体は有意を示す。

データをグラフ化したりして，帰納的に思考する群」は，中学校のＦクラスター「事象の変化に影響を及ぼす独立変数や従属変数を指摘したり，因果関係を有する単純な事象の変化を測定して定量的に捉え，収集したデータを表に整理したりして，帰納的に思考する群」と対応していると解釈した。

　以上の考察を結論的に述べると，次の２点に整理できる。１つは，「探究の技能」の観点において，小中学校の観察・実験等の間には，内容に多少の差は見られるものの，対応する探究的特徴が認められる。特に，小学校のＤクラスターと中学校のＡクラスターのように，ほぼ共通した探究的特徴が認められる。もう１つは，それ以外の対応関係を見ると，中学校のＢ，Ｃ，Ｄ，Ｅクラスターには小学校の内容に加えて，いずれも実験計画の観点が含まれていることから，小学校よりも中学校の方が見通しをもって観察・実験等を行うといった，問題を科学的に解決する群を形成していると考えられる。

おわりに

　本章では，まず，長谷川ら（2013）が分析対象とした３社のうち，Ｙ社の2020年検定済中学校理科教科書に掲載されている全観察・実験等について，「探究の技能」の含有率の傾向から類型化し，各クラスターの探究的特徴を分析・解釈することを第一の目的とした。その結果，Ｙ社の中学校理科教科書に掲載されている観察・実験等は，「探究の技能」の傾向によって６つに類型化されることが明らかになった。

　次に，各クラスターの探究的特徴に基づき，各学年の観察・実験等の傾向を分析・解釈することを第二の目的とした。その結果，第１学年の観察・実験等には，事象のようすや性質，構造，変化の特徴を定性的・定量的に記録させたり，分類の観点・基準に基づいて定性的に識別させたりする傾向があることが示唆された。さらに，Ｃクラスターの観察・実験等が第３学年と比較して有意に多いことから，単純な事象のようすや性質を観測したり計測したりする定量的な観察・実験等を対象に，仮説や実験計画を立てて探究する傾向があることが示された。

　また，第2，3学年の観察・実験等には，仮説や実験計画を立てて，事象の
ようすや性質，変化の特徴を定性的・定量的に捉えさせたり，独立変数を制御
し，従属変数の変化のようすや特徴を定性的・定量的に捉えさせたりする傾向
があること，定性的な結果についてはモデルを使って考察したり，定量的な結
果については表に整理し，グラフ化して考察したりする傾向があることが示唆
された。

　最後に，第2章（山田ら，2021）で述べたY社の2019年検定済小学校理科
教科書に掲載されている観察・実験等の類型との比較を通して，中学校の類型
との対応関係を検討することを第三の目的とした。その結果，①小中学校の観
察・実験等の間には，内容に多少の差は見られるものの，対応する探究的特徴
が認められること，②中学校のB，C，D，Eクラスターには小学校の内容に
加えて，いずれも実験計画の観点が含まれていることから，小学校よりも中学
校の方が見通しをもって観察・実験等を行うといった，問題を科学的に解決す
る群を形成していることが示唆された。

注釈

1)　中学校学習指導要領（文部科学省，2008）では，「科学的な見方や考え方」を育成するこ
　　とが重要な目標として位置付けられていた。一方，中学校学習指導要領（平成29年告示）
　　（文部科学省，2018）では，「見方・考え方」は資質・能力を育成する過程で児童生徒に働か
　　せる「物事を捉える視点や考え方」として整理し，理科の見方・考え方を働かせ，見通しを
　　もって観察，実験を行うことなどを通して，知識及び技能，思考力・判断力・表現力，主体
　　的に探究しようとする態度を育成することが目標とされた。
2)　本章でY社の中学校理科教科書を分析対象とした理由は，以下の2点である。
　①　新潟県内の多くの中学校でY社の理科教科書が採択されているため。
　②　第2章において，Y社の小学校理科教科書（2019年検定済）に掲載されている観察・
　　　実験等の探究的特徴を報告しており，探究的特徴について小中学校の対応関係を検討する
　　　ためには，分析対象となる中学校理科教科書をY社とすることが妥当であると判断したた
　　　め。
3)　長谷川（2012）では，研究内容として以下の4点が記載されている。
　①　吉山ら（2011，2012）が使用したプロセス・スキルズをもとに，現在（2012年当時）
　　　の小中学校における理科の実態に合った，「探究の技能」の精選を行う。
　②　「探究の技能」を用いて，中学校理科の教科書（2011年検定済）に掲載されている観察・

実験等を分析し類型化することで，類型ごとの探究的特徴について考察を行う。

③　教科書に掲載された問いを分析することで，探究活動の類型と問いかけの記述との整合性の確認を行う。

④　「探究の技能」による類型から明らかになった観察・実験等の特性に合わせて指導を計画し，仮説・検証の過程を言語で表現する力の向上について検証する。特に，長谷川（2012）の中核を成す研究内容②では，観察・実験等の類型化により得られた6つのクラスターの個々について，「仮説を立て変数制御を行う探究活動の視点から考察すると，『A・Bクラスターに含まれる観察・実験は，定性的なものが多いが，仮説設定と変数制御は少ない』『Cクラスターに含まれる観察・実験は，定性的なものが多く，仮説設定は少ないが変数制御は多い』『Dクラスターに含まれる観察・実験は，定量的なものが多いが，仮説設定と変数制御は少ない』『E・Fクラスターに含まれる観察・実験は，定量的なものが多く，仮説設定と変数制御も多い』」といった説明を記述し，各クラスターが含有している特徴的な技能を「定性的・定量的」「仮説設定の有無」「変数制御の有無」の3観点で整理している。そして，これらの観点に基づいて研究内容③や④を設計・実施することで，論理的整合性と妥当性を保障している。

なお，長谷川ら（2013）は長谷川（2012）の一部を再構成したものであるため，両者のA～Fの各クラスターはすべて一致するが，表3-10に示したように，本章と長谷川ら（2013）については，同一のアルファベットであってもほとんど一致していない。このことは本章と長谷川（2012）についても同様に当てはまることを断っておく。

参考文献

1）　山田貴之・田代直幸・栗原淳一・小林辰至・松本隆行・木原義季・山田健人（2021）「『探究の技能』に基づく観察・実験等の類型化とその探究的特徴―小学校理科教科書の分析を通して―」『理科教育学研究』第62巻，第1号，339-354。

引用文献

1）　Commission on Science Education of the American Association for the Advancement of Science（1963）．Science-A Process Approach Commentary for Teachers，AAAS/XEROX Corporation.

2）　長谷川直紀（2012）「仮説・検証の過程を言語で表現する力を育成する理科指導法の研究―オームの法則について―」『上越教育大学大学院学校教育研究科修士論文』1-121。

3）　長谷川直紀・吉田裕・関根幸子・田代直幸・五島政一・稲田結美・小林辰至（2013）「小・中学校の理科教科書に掲載されている観察・実験等の類型化とその探究的特徴―プロセス・スキルズを精選・統合して開発した『探究の技能』に基づいて―」『理科教育学研究』第54巻，第2号，225-247。

4)　文部科学省（2008）「中学校学習指導要領」57-73。

5)　文部科学省（2018）「中学校学習指導要領（平成 29 年告示)」78-98。

6)　山田貴之・田代直幸・田中保樹・小林辰至（2015）「小・中学校の理科教科書に掲載されている観察・実験等における "The Four Question Strategy（4QS)" の適用の可能性に関する研究 ― 自然事象に関わる因果関係の観点から ―」『理科教育学研究』第 56 巻，第 1 号，105-122。

7)　吉山泰樹・小林辰至（2011）「プロセス・スキルズの観点からみた観察・実験等の類型化 ― 中学校理科教科書に掲載されている観察・実験等について ―」『理科教育学研究』第 52 巻，第 1 号，107-119。

8)　吉山泰樹・小松武史・稲田結美・小林辰至（2012）「プロセス・スキルズの観点からみた観察・実験等の類型化（2）― 小学校理科教科書に掲載されている観察・実験等について ―」『理科教育学研究』第 52 巻，第 3 号，179-189。

付記

　本章は「理科教育学研究」第 62 巻，第 2 号（2021）に掲載された「プロセス・スキルズを精選・統合した『探究の技能』に基づく観察・実験等の類型化とその探究的特徴 ― 中学校理科教科書の分析を通して ―」を書き直したものである。

第 **4** 章

中学校理科教科書に掲載されている「問い」の分類とその探究的な特徴

― Y 社の 2011 年と 2020 年の検定済教科書を比較して ―

は じ め に

　科学的な探究活動を方向付ける役割を担う中心的な存在として，「問い」の設定が挙げられる（Chin & Osborne, 2008；中山・猿田・森・渡邉, 2014；石井, 2014）。反対に，何を明らかにするのかが明確になっていない「問い」は，その後の過程においても，何をどのように進めてよいかがわからず，最終的に目的に沿った探究活動が進められなくなってしまうことから（深谷, 2021），探究活動の初期段階において，見通しをもった「問い」の設定が必要不可欠であると言える。

　我が国では，近年「問い」の研究が盛んに行われている。例えば，小中学校の理科教科書における「問い」の特徴を明らかにした研究（中山ら, 2014；中山・猿田, 2015），中学生と大学生を対象とした「問い」の判断と生成の実態に関する研究（廣・内ノ倉, 2019），小学生を対象とした疑問から「問い」への思考過程に関する研究（吉田・川崎, 2019；川崎・吉田, 2021），中学生を対象とした「問い」の生成過程に関する研究（河原井・宮本, 2021）などが挙げられる。しかしながら，「自然の事物・現象から問題を見いだし，適切に課題づくりができるようにする指導」に，指導上の課題として認識している中学校理科教員が数多くいることが報告されており（鈴木・藤本・益田, 2019），「問い」の設定についての研究の蓄積は，いまだ十分とはいえない。

　こうした課題に対して，中山ら（2014）や中山・猿田（2015）は，実際の

理科授業の大まかな傾向を示唆するうえで，小中学校の理科教科書の「問い」を分析することは，大変有益であると述べている。さらに，関根ら（2012）は，中山・野村・猿田（2011）を参考に中学校理科教科書に掲載されている全観察・実験等の「問い」の分類を行うとともに，「探究の技能」によって類型化された6群との関連性について検討し，科学的な探究活動における技能を育むうえでの「問い」の在り方の重要性を示唆している。

　しかしながら，これまで述べてきた中学校理科教科書の分析に関する先行研究では，いずれも中学校学習指導要領（文部科学省，2008）に準拠した2011年検定済のものを調査対象にしているため，中学校学習指導要領（平成29年告示）（文部科学省，2018a）の理念が反映されたものではない。したがって，先行研究の知見は，中学校学習指導要領（文部科学省，2018a）の理念が反映された2020年検定済中学校理科教科書には適用できない可能性があると考えられる。

　一方で，中山ら（2014）は，「探究」は，「問い」を立てることに始まると述べており，前述の関根ら（2012）の知見からも，「問い」と観察・実験等の探究的な特徴とは深い関連があると言える。一連のプロセスである科学的な探究活動において，育むべき探究能力と「問い」の関連が明らかになることは，実際の理科授業において，教師の「問い」の設定に対しての手立てになることが考えられる。このような「問い」と観察・実験等の探的な特徴との関連性を検討した研究は，関根ら（2012）以降行われていないのが現状である。さらに，2020年検定済中学校理科教科書に掲載されている「問い」について検討した研究は管見の限り見当たらない。そこで本章では，観察・実験等の探究的な特徴と「問い」との関連を検討するうえで，観察・実験等の冒頭に位置する「問い」を対象にしている関根ら（2012）に基づいて「問い」の分類を行い，2011年検定済中学校理科教科書と2020年検定済中学校理科教科書に掲載されている「問い」の数との比較を行うことを試みた。

　また，中学校理科教科書を対象に，観察・実験等の探究的な特徴を明らかにした先行研究として長谷川ら（2013）と第3章（山田ら，2021）が挙げられる。このうち，2020年検定済中学校理科教科書を対象に観察・実験等の探

究的な特徴を明らかにしているのは第3章（山田ら，2021）のみであり，前述のように中学校学習指導要領の改訂に伴い，「問い」と観察・実験等の探究的な特徴との関連性に変化が生じた可能性が考えられる。しかしながら，第3章（山田ら，2021）では，教科書会社1社のみを分析対象としているため，6群[1]に類型化された探究的特徴と「問い」の数との比較検討を行う上で，観察・実験等の数が少なく適切な結果が出ない恐れがある。

そこで本章では，関根ら（2012）および第3章（山田ら，2021）で共通の教科書会社であるY社の2020年検定済中学校理科教科書を対象に，関根ら（2012）に基づいて「問い」の分類を行い，関根ら（2012）の「問い」の数との比較および第3章（山田ら，2021）の3観点（「定性的・定量的」「仮説設定の有無」「変数制御の有無」）で整理された特徴的な技能[2]との関連性について検討することで，Y社の2020年検定済中学校理科教科書の「問い」の特徴を明らかにすることを試みた。

第1節　中学校理科教科書に掲載されている「問い」の分析方法

1−1　目　的

本章では，Y社の2020年検定済中学校理科教科書に掲載されている観察・実験等の「問い」を対象に，関根ら（2012）が分析を行った2011年検定済中学校理科教科書との比較による「問い」の特徴を明らかにすることを第一の目的とした。また，第3章（山田ら，2021）において3観点（「定性的・定量的」「仮説設定の有無」「変数制御の有無」）で整理された特徴的な技能における「問い」の数を比較検討することで，「問い」と観察・実験等の探究的な特徴との関連性について明らかにすることを第二の目的とした。

1−2　「問い」の抽出

中山ら（2014）では，「問い」としてみなせる部分を教科書の観察・実験等の一連の流れの記述からすべて抜き出し，最終的に13種類のカテゴリーに分類している。そして，その13種類のカテゴリーと観察・実験等の各場面（仮

説，方法，考察など）との比較を行っている。また，関根ら（2012）では，「問い」の定義を「観察・実験等の直前に掲載されている疑問を持たせたり事象の変化に着目させたりすることを目的とした問いかけ」と定め，該当する記述を教科書の観察・実験等の「問題」や「課題」として示されている箇所から抜粋している。本章では，観察・実験等の冒頭である「問い」を分析対象としているため，関根ら（2012）の定義および手法に則って分析を行うのが適切であると判断した。よって，本章における「問い」を「観察・実験等の直前に掲載されている疑問を持たせたり事象の変化に着目させたりすることを目的とした問いかけ」と定義し，該当する「問い」を教科書の記述から抜粋した。

　さらに，「花にはどのような似ているつくり・ちがうつくりがあり，どのように分類できるだろうか」のような1つの観察・実験等に複数の問いかけが含まれていた場合，関根ら（2012）では，1つの「問い」として抽出していたが，本章では「どのような」や「どのように」といった個々の問いかけに意味があると判断し，それぞれ抽出した。

1−3 「問い」の分類

　抽出された「問い」の一次分類および二次分類を行った。分類の基準を表4-1，4-2に示す。関根ら（2012）では，一次分類を英語文法5W1Hに基づいて行っている[3]。また，二次分類をY社の2011年検定済中学校理科教科書で多く見られた，「どのように＋動詞（how＋動詞）」「どのような＋名詞（how／what＋名詞）」「呼びかけ」の3つを対象に，「どのように＋動詞（how＋動詞）」と「どのような＋名詞（how／what＋名詞）」については疑問詞の後に続く単語を，「呼びかけ」については呼びかける内容をそれぞれ分類している（関根，2013[4]）。

　本章でも，関根ら（2012）に基づいて「問い」の分類を行った。分類を行う中で，例えば，「はい・いいえ（yes／no）」では，関根ら（2012）では「できるだろうか」や「つくられるのだろうか」などを，本章では「〜はあるか」や「〜なるか」といった，年代の異なる教科書ゆえにそれぞれ異なる表現で用いられていた場合，関根ら（2012）で述べられている「『はい』または『いい

え』で答えられる二者択一的な『問い』」に該当するか否かで判断した。また，「力がはたらいていることは，どのようにしてわかるか」のような「どのように＋動詞（how＋動詞）」や，「どうしたら（would 手段）」といった複数の一次分類に解釈ができるような「問い」があった場合，理科教育学研究者1名と理科教育学を専門とする大学院生4名（うち3名は教職経験が10年以上の経験豊富な理科を専門とする教員）の計5名で複数回協議を行い，どの分類基準に「問い」が該当するかを判断した。

　以上のような，関根ら（2012）と異なる表現や複数の解釈が考えられる「問い」については，それが持つ意味に該当するか否かで判断し，その後の議論による検討を行うことで，分類の基準が関根ら（2012）と同質のものとなるように配慮した。

1−4　「問い」の集計

　まず，分類した「問い」を領域（エネルギー，粒子，生命，地球，その他）および学年で区分し，その数を集計した。次に，「問い」の数を独立変数，領域や学年を従属変数として χ^2 検定及び残差分析を行った。

1−5　2011年検定済中学校理科教科書との比較

　関根ら（2012）が行った2011年検定済中学校理科教科書における「問い」の数を比較するため，正確二項検定を用いて分析を行った。

1−6　特徴的な技能との関連

　第3章（山田ら，2021）において3観点（「定性的・定量的」「仮説設定の有無」「変数制御の有無」）で整理された特徴的な技能（表3-8）と，「問い」との関連を検討するために，正確二項検定を行った。

表4-1　一次分類の基準

一次分類	抽出した「問い」の中の分析対象（例）	
	関根ら（2012）	本章
はい・いいえ （yes／no）	・できるだろうか ・つくられるのだろうか ・決まっているのだろうか	・〜はあるか ・〜なるか
どのように＋動詞 （how＋動詞）	・どうなる ・どのように ・どのようにして	・どうなる ・どのように ・どのようにして
どのような＋名詞 （how／what＋名詞）	・どのようなこと ・どのような ・どんな	・どのような
どこ（where）	・どこで ・どの部分で	・どこから ・どの部分で
どの・どちらの（which）	－	－
何（what）	・何に ・何が ・何だろう	・何に ・何が ・何から
なぜ（why）	・なぜ ・どうして ・なぜだろう	－
いつ（when）	－	－
どうしたら（would 手段）	・どうしたら ・どのようにして ・どのようにすれば	・どうすれば ・どのようにして ・どのようにしたら
どれくらいか（how 量）	・どのくらい ・何℃だろうか	－
呼びかけ	・まとめよう ・調べよう ・考えよう ・予想してみよう	・観測してみよう ・発表し合おう ・分類しよう ・見つけよう

表4-2 二次分類の基準

二次分類		一次分類で抽出した疑問詞に続く単語等（例）	
		関根ら（2012）	本章
どのように＋動詞 （how＋動詞）	手段	表す，調べる，記録する，区別する，かかわる，伝える，決まる	説明する，する，分類する，表す，考える，行う，合成する，調べる，利用する
	変化・状態	なる，動く，変わる，違う，変化する，広がる，流れる，消化させる，進む，感じる，加わる，屈折する	変化する，なる，運動する，関係する
	その他	上記2つに該当しない単語	－
どのような＋名詞 （how／what＋名詞）	性質	性質，変化，はたらき，物質，つくり，こと，特徴，もの	特徴，つくり，性質
	法則	関係，きまり，条件，しくみ，ちがい，規則性	関係，決まり，関連
	その他	方法，歴史，磁界，力，所，運動	実験，力，神経，恵み・災害，防災・減災対策，圧力，基準，鉱物，磁界，天体，物質，モデル

呼びかけ	操作	操作しよう，操作をしよう，求めよう	観測してみよう，発表し合おう，分類しよう，見つけよう
	考察	調べよう，調べてみよう，考えよう	－

第2節　中学校理科教科書に掲載されている「問い」の分析結果

2−1　「問い」の抽出

　分析の結果，110の「問い」が抽出された。抽出した「問い」の一覧を学年ごとに示す（資料4-1〜資料4-3）。

2−2　「問い」の分類

　関根ら（2012）に基づいて，抽出した「問い」の一次分類および二次分類を行った（表4-3）。一次分類の数は，「はい・いいえ（yes／no）」が2，「どのように＋動詞（how＋動詞）」が32，「どのような＋名詞（how／what＋名詞）」が41，「どこ（where）」が2，「どの・どちらの（which）」が0，「何（what）」が17，「なぜ（why）」が0，「いつ（when）」が0，「どうしたら（would手段）」が7，「どれくらいか（how量）」が0，「呼びかけ」が6，「その他」が3であった。二次分類の数は，「手段」が23，「変化・状態」が9，「その他（どのように＋動詞）」が0，「性質」が5，「法則」が16，「その他（どのような＋名詞）」が20，「操作」が6，「考察」が0であった。

2−3　「問い」の集計

　領域間における一次分類および二次分類の「問い」の数を表4-4，表4-5に示す。まず，表4-4の通り，一次分類では「どのような＋名詞（how／what＋名詞）」において，エネルギー領域が20，粒子領域が3，生命領域が7，地球領域が11，その他が0であり，領域間に有意な差が見られた（$\chi^2(4) = 29.61$, $p < .01$）。残差分析の結果，エネルギー領域が粒子領域およびその他よりも有意に多いこと，地球領域がその他よりも有意に多いことが示された。それ以外の一次分類では有意な差は見られなかった。

　次に，表4-5の通り，二次分類では「法則」において，エネルギー領域が13，粒子領域が0，生命領域が0，地球領域が3，その他が0であり，領域間に有意な差が見られた（$\chi^2(4) = 39.63$, $p < .01$）。残差分析の結果，エネルギー

領域が粒子領域，生命領域，その他よりも有意に多いことが示された。また，「その他（どのような＋名詞）」において，エネルギー領域が7，粒子領域が2，生命領域が4，地球領域が7，その他が0であり，領域間に有意な差が見られた（$\chi^2(4) = 9.50, p < .05$）。残差分析の結果，有意な差は見られなかった。それ以外の二次分類では有意な差は見られなかった。

　学年間における一次分類および二次分類の「問い」の数を表4-6，表4-7に示す。まず，表4-6の通り，一次分類では「どのように＋動詞（how＋動詞）」において，第1学年が7，第2学年が7，第3学年が18であり，学年間に有意な差が見られた（$\chi^2(2) = 7.56, p < .05$）。残差分析の結果，有意な差は見られなかった。それ以外の一次分類では有意な差は見られなかった。次に，表4-7の通り，二次分類ではすべて有意な差は見られなかった。

表4-3　「問い」の分類結果

一次分類		二次分類	
はい・いいえ（yes／no）	2	－	－
どのように＋動詞（how＋動詞）	32	手段	23
		変化・状態	9
		その他	0
どのような＋名詞（how／what＋名詞）	41	性質	5
		法則	16
		その他	20
どこ（where）	2	－	－
どの・どちらの（which）	0	－	－
何（what）	17	－	－
なぜ（why）	0	－	－
いつ（when）	0	－	－
どうしたら（would 手段）	7	－	－
どれくらいか（how 量）	0	－	－
呼びかけ	6	操作	6
		考察	0
その他	3	－	－
合計	110	合計	79

注）表内の数値は，各分類における「問い」の数を示す。

表4-4 領域間における一次分類の「問い」の数

一次分類	「問い」の数				
	エネルギー	粒子	生命	地球	その他
はい・いいえ（yes／no）	1	1	0	0	0
どのように＋動詞（how＋動詞）	5	11	6	7	3
*どのような＋名詞（how／what＋名詞）***	*20*	3	7	*11*	0
どこ（where）	0	0	2	0	0
どの・どちらの（which）	0	0	0	0	0
何（what）	4	5	3	4	1
なぜ（why）	0	0	0	0	0
いつ（when）	0	0	0	0	0
どうしたら（would 手段）	2	4	1	0	0
どれくらいか（how 量）	0	0	0	0	0
呼びかけ	0	0	2	2	2
その他	0	1	0	2	0
合計	32	25	21	26	6

注）「問い」の総数は110である。太字斜体は有意を示す。$**p<.01$

表4-5 領域間における二次分類の「問い」の数

二次分類		「問い」の数				
		エネルギー	粒子	生命	地球	その他
どのように＋動詞（how＋動詞）	手段	2	6	5	7	3
	変化・状態	3	5	1	0	0
	その他	0	0	0	0	0
どのような＋名詞（how／what＋名詞）	性質	0	1	3	1	0
	*法則***	*13*	0	0	3	0
	*その他**	7	2	4	7	0
呼びかけ	操作	0	0	2	2	2
	考察	0	0	0	0	0
合計		25	14	15	20	5

注）「問い」の総数は79である。太字斜体は有意を示す。$**p<.01$，$*p<.05$

表4-6　学年間における一次分類の「問い」の数

一次分類	「問い」の数		
	第1学年	第2学年	第3学年
はい・いいえ（yes／no）	0	2	0
どのように＋動詞（how＋動詞）*	7	7	18
どのような＋名詞（how／what＋名詞）	15	18	8
どこ（where）	0	2	0
どの・どちらの（which）	0	0	0
何（what）	2	6	9
なぜ（why）	0	0	0
いつ（when）	0	0	0
どうしたら（would 手段）	5	1	1
どれくらいか（how 量）	0	0	0
呼びかけ	2	1	3
その他	0	2	1
合計	31	39	40

注）「問い」の総数は110である。*$p < .05$

表4-7　学年間における二次分類の「問い」の数

二次分類		「問い」の数		
		第1学年	第2学年	第3学年
どのように＋動詞	手段	6	4	13
（how＋動詞）	変化・状態	1	3	5
	その他	0	0	0
どのような＋名詞	性質	3	1	1
（how／what＋名詞）	法則	8	6	2
	その他	4	11	5
呼びかけ	操作	2	2	3
	考察	0	0	0
合計		24	27	29

注）「問い」の総数は79である。

2−4 2011 年検定済中学校理科教科書との比較

　本章と関根ら（2012）の「問い」を一次分類および二次分類に基づいて比較した結果を表 4-8，表 4-9 に示す。

　まず，表 4-8 の通り，一次分類では「はい・いいえ（yes／no）」において，本章が 2，関根ら（2012）が 11 であり，有意な差が見られた（*p*<.05）。また，「どのように＋動詞（how＋動詞）」において，本章が 32，関根ら（2012）が 14 であり，有意な差が見られた（*p*<.05）。さらに，「どのような＋名詞（how／what＋名詞）」において，本章が 41，関根ら（2012）が 21 であり，有意な差が見られた（*p*<.05）。「何（what）」において，本章が 17，関根ら（2012）が 4 であり，有意な差が見られた（*p*<.01）。

　次に，表 4-9 の通り，二次分類では「手段」において，本章が 23，関根ら（2012）が 1 であり，有意な差が見られた（*p*<.001）。また，「その他（どのような＋名詞）」において，本章が 20，関根ら（2012）が 0 であり，有意な差が見られた（*p*<.001）。さらに，「考察」において，本章が 0，関根ら（2012）が 8 であり，有意な差が見られた（*p*<.01）。

表 4-8　関根ら（2012）との一次分類の比較結果

一次分類	「問い」の数	
	本章	関根ら（2012）
はい・いいえ *(yes／no)**	*2*	*11*
どのように＋動詞 *(how＋動詞)**	*32*	*14*
どのような＋名詞 *(how／what＋名詞)**	*41*	*21*
どこ（where）	2	0
どの・どちらの（which）	0	0
何 *(what)***	*17*	*4*
なぜ（why）	0	1
いつ（when）	0	0
どうしたら（would 手段）	7	2
どれくらいか（how 量）	0	2
呼びかけ	6	14
その他	3	0
合計	110	69

　注）太字斜体は有意を示す。**p*<.01，*p*<.05

表4-9　学年間における二次分類の「問い」の数

二次分類		「問い」の数	
		本章	関根ら（2012）
どのように＋動詞 （how＋動詞）	*手段****	*23*	*1*
	変化・状態	9	13
	その他	0	0
どのような＋名詞 （how／what＋名詞）	性質	5	13
	法則	16	8
	その他***	*20*	*0*
呼びかけ	操作	6	6
	考察**	*0*	*8*
合計		79	49

注）太字斜体は有意を示す。$***p<.001$，$**p<.01$

2-5　特徴的な技能との関連

　第3章（山田ら，2021）において，「定性的・定量的」，「仮説設定の有無」，「変数制御の有無」の3観点で整理された特徴的な技能における，一次分類および二次分類の「問い」の数を表4-10～表4-15に示す。

　まず，表4-10の通り，「定性的・定量的」における一次分類ではすべて有意な差は見られなかった。表4-11の通り，二次分類では「法則」において，「定性的」が3，「定量的」が13であり，有意な差が見られた（$p<.05$）。それ以外の二次分類では有意な差は見られなかった。

　次に，表4-12の通り，「仮説設定の有無」における一次分類では，「どのような＋名詞（how／what＋名詞）」において，「仮説設定あり」が32，「仮説設定なし」が9であり，有意な差が見られた（$p<.001$）。また，「何（what）」において，「仮説設定あり」が13，「仮説設定なし」が4であり，有意な差が見られた（$p<.05$）。さらに，「呼びかけ」において，「仮説設定あり」が0，「仮説設定なし」が6であり，有意な差が見られた（$p<.05$）。それ以外の一次分類では有意な差は見られなかった。表4-13の通り，二次分類では「法則」において，「仮説設定あり」が15，「仮説設定なし」が1であり，有意な差が見られた（$p<.001$）。また，「操作」において，「仮説設定あり」が0，「仮説

設定なし」が6であり，有意な差が見られた（ $p < .05$ ）。それ以外の二次分類
では有意な差は見られなかった。

　最後に，表4-14の通り，「変数制御の有無」における一次分類では，「ど
のように＋動詞（how＋動詞）」において，「変数制御あり」が8，「変数制御
なし」が24であり，有意な差が見られた（ $p < .01$ ）。それ以外の一次分類で
は有意な差は見られなかった。表4-15の通り，二次分類では「手段」におい
て，「変数制御あり」が6，「変数制御なし」が17であり，有意な差が見られ
た（ $p < .05$ ）。それ以外の二次分類では有意な差は見られなかった。

表4-10 「定性的・定量的」における一次分類の「問い」の数

一次分類	「問い」の数	
	定性的	定量的
はい・いいえ（yes／no）	0	2
どのように＋動詞（how＋動詞）	19	13
どのような＋名詞（how／what＋名詞）	21	20
どこ（where）	2	0
どの・どちらの（which）	0	0
何（what）	10	7
なぜ（why）	0	0
いつ（when）	0	0
どうしたら（would 手段）	3	4
どれくらいか（how 量）	0	0
呼びかけ	5	1
その他	1	2
合計	61	49

注）「問い」の総数は110である。

表4-11 「定性的・定量的」における二次分類の「問い」の数

二次分類		「問い」の数	
		定性的	定量的
どのように＋動詞	手段	16	7
	変化・状態	3	6
（how＋動詞）	その他	0	0
どのような＋名詞	性質	4	1
	*法則**	*3*	*13*
（how／what＋名詞）	その他	14	6
呼びかけ	操作	5	1
	考察	0	0
合計		45	34

注)「問い」の総数は79である。太字斜体は有意を示す。*p＜.05

表4-12 「仮説設定の有無」における一次分類の「問い」の数

一次分類	「問い」の数	
	仮説あり	仮説なし
はい・いいえ（yes／no）	1	1
どのように＋動詞（how＋動詞）	22	10
*どのような＋名詞（how／what＋名詞）***	*32*	*9*
どこ（where）	2	0
どの・どちらの（which）	0	0
*何（what)**	*13*	*4*
なぜ（why）	0	0
いつ（when）	0	0
どうしたら（would 手段）	4	3
どれくらいか（how 量）	0	0
*呼びかけ**	*0*	*6*
その他	0	3
合計	74	36

注)「問い」の総数は110である。太字斜体は有意を示す。***p＜.001,*p＜.05

表4-13 「仮説設定の有無」における二次分類の「問い」の数

二次分類		「問い」の数	
		仮説あり	仮説なし
どのように＋動詞 （how＋動詞）	手段	15	8
	変化・状態	7	2
	その他	0	0
どのような＋名詞 （how／what＋名詞）	性質	4	1
	法則***	*15*	*1*
	その他	13	7
呼びかけ	*操作**	*0*	*6*
	考察	0	0
合計		54	25

注）「問い」の総数は 79 である。太字斜体は有意を示す。***p<.001, *p<.05

表4-14 「変数制御の有無」における一次分類の「問い」の数

一次分類	「問い」の数	
	条件あり	条件なし
はい・いいえ（yes／no）	1	1
どのように＋動詞（how＋動詞）**	*8*	*24*
どのような＋名詞（how／what＋名詞）	20	21
どこ（where）	2	0
どの・どちらの（which）	0	0
何（what）	8	9
なぜ（why）	0	0
いつ（when）	0	0
どうしたら（would 手段）	1	6
どれくらいか（how 量）	0	0
呼びかけ	1	5
その他	2	1
合計	43	67

注）「問い」の総数は 110 である。太字斜体は有意を示す。**p<.01

表4-15　「変数制御の有無」における二次分類の「問い」の数

二次分類		「問い」の数	
		条件あり	条件なし
どのように＋動詞 （how＋動詞）	*手段**	*6*	*17*
	変化・状態	2	7
	その他	0	0
どのような＋名詞 （how／what＋名詞）	性質	0	5
	法則	10	6
	その他	10	10
呼びかけ	操作	1	5
	考察	0	0
合計		29	50

注）「問い」の総数は79である。太字斜体は有意を示す。*$p<.05$

第3節　総合考察

　これまで述べてきた分析の結果を基に，教科書の「問い」の特徴について検討を行う。まず，領域と学年で集計した結果，領域間では主にエネルギー領域において「法則」が多く見られた。また，学年間では具体的な傾向までは明らかにはならなかった。中学校学習指導要領（平成29年告示）解説理科編では，各学年で主に重視する探究の学習過程を整理している（文部科学省，2018b）。また，第3章（山田ら，2021）において，「探究の技能」に基づいて類型化された6群と各学年で比較した結果，「定量的」で「仮説設定」を多く含む群（Cクラスター）では，第3学年より第1学年の方が多い傾向にあることが報告されているが，本章ではそのような傾向は見られなかった。

　次に，関根ら（2012）との「問い」の数を比較した結果，増加している「問い」と減少している「問い」が見られた。中でも，「どのように＋動詞（how＋動詞）」「どのような＋名詞（how／what＋名詞）」「何（what）」といった一次分類は多いことが明らかになった。小林（2017）や角屋（2017）は，「何が」や「どのように」といった検証可能な「問い」を設定することの必要性について述べている。このような検証可能な「問い」は，2011年検定済中学校

理科教科書と比べて増加傾向にあると言える。一方で,「はい・いいえ（yes／no）」のような「閉じられた質問（クローズド・クエスチョン）」（廣・内ノ倉，2019）は少ないことが明らかとなった。廣・内ノ倉（2019）によると,このような「問い」は変数を定めるような量的な関係で捉えられておらず,検証方法といった手続きが含まれていないことから,検証可能な「問い」として判断するには不十分なため,減少傾向にあると推察される。また,「どの・どちらの（which）」や「いつ（when）」といった,どちらの教科書にも見られなかったものは,中学校理科授業における「問い」として設定するには不向きであると考えられる。

　最後に,第3章（山田ら,2021）において3観点（「定性的・定量的」「仮説設定の有無」「変数制御の有無」）で整理された特徴的な技能と「問い」との間には,特徴的な技能を多く含むものと,それが少ないものが見られた。まず,前者について,「法則」では「定量的」や「仮説設定」が,「何（what）」では「仮説設定」が該当した。「法則」では,例えば,「抵抗器にかける電圧の大きさと,流れる電流の大きさには,どのような関係があるか」や,「電熱線のはたらきは,電力や時間とどのような関係にあるか」といった,実験で測定した数値を基に規則性を見いだす観察・実験等が多く該当していた。そのため,「定量的」が「法則」において多く含まれていたものと考えられる。

　また,「仮説設定」については,第3章（山田ら,2021）において,Y社の2011年より2020年検定済中学校理科教科書の方が有意に多いことが報告されている（表3-11）。関根ら（2012）との比較を行った本章の結果において,「何（what）」は有意に多く,「法則」は有意ではなかったものの,その数は2倍に増えていることから,科学的な探究活動における「仮説設定」が重視されていると考えられる。

　次に,後者について,「操作」では「仮説設定」が,「手段」では「条件制御」が該当した。「操作」では,例えば,「植物や動物の生きるしくみの学習で興味をもったことをまとめて,発表し合おう」や,「天体望遠鏡で太陽の表面のようすを観測してみよう」といった,議論や観察・実験等の活動を促す「問い」が多く,該当する観察・実験等のほとんどが,第3章（山田ら,2021）

のAクラスターに分類されるものであった。主に観察や分類を行う探究活動であったことから，「仮説設定」が「操作」において少ない傾向にあったと考えられる。「手段」では，例えば，「身のまわりの生物は，どのように分類できるか」や，「鉄と硫黄が結びつく化学変化は，原子のモデルでどのように説明できるか」といった，分類の基準や考察の視点が含まれる「問い」が多く，該当する観察・実験等のほとんどが，第3章（山田ら，2021）のA，B，Cクラスターに分類されるものであった。これら3つのクラスターに共通することとして，表3-8の通り，「変数制御」が含まれていない群であることからも，「変数制御」が「手段」において少ない傾向にあったと考えられる。以下，有意に多いまたは少ない結果が見られた「問い」の特徴について，一次分類，二次分類の順に述べる。

3－1 「はい・いいえ（yes／no）」

　これは，肯定か否定かで答える二者択一的な「問い」であり（関根，2013），かつ具体的な見通しや仮説のようなものを含んで立てられる「問い」である（中山ら，2014）。教科書における具体例として，「電流の大きさは，豆電球を通ったあとで小さくなるか」と「化学変化にともなって，ほかに変化することはあるか」の2つが該当しており，このような二者択一的な「問い」は減少していることが明らかになった。

3－2 「何（what）」

　これは，探究の見通しを持たせることのできる「問い」である（角屋，2017；小林，2017）。教科書における具体例として，「電流が流れる水溶液には，何が関わっているか」や，「安山岩や花こう岩の色合いと組織のちがいは，何が原因か」など，自然事象の原因を対象とした問いかけが該当していた。また，この「問い」における観察・実験等では，仮説設定が多く含まれていることが明らかになった。

3-3 「手段」

　これは，結論は自然事象の性質や法則であるが，それらを導くための手段としての「問い」である（関根，2013）。教科書における具体例として，「雲ができるしくみは，気圧と露点の変化でどのように説明できるか」や，「脊椎動物は，からだの特徴でどのように分類できるか」などが該当しており，変数制御を行わないものが多く見られた。以上のことから，変数の同定を行う必要がなく，「気圧と露点の変化で」や，「からだの特徴で」といった実験方法の視点を基に，自然事象の性質や法則を明らかにするこの「問い」は，増加していることが明らかになった。

3-4 「法則」

　これは，観察・実験等を通して法則を導く「問い」である（関根，2013）。教科書における具体例として，「ばねにつるすおもりの重さと，ばねの伸びの間には，どのような関係があるか」や，「光源からの光が物体で反射するとき，光の進み方にはどのような決まりがあるか」などが該当しており，特にエネルギー領域において多く見られた。また，この「問い」における観察・実験等では，定量的かつ仮説設定が多く含まれていることが明らかになった。

3-5 「その他（どのような＋名詞）」

　これは，これまでの先行研究では述べられていない「問い」である。教科書における具体例として，「コイルを磁界の中に置くと，コイルにはどのような力がはたらくか」や，「大地の変動に関わるどのような恵みや災害があるか」などが該当していた。疑問詞の続く単語のほとんどが力や磁界，鉱物などの用語が含まれており，観察・実験等を実施する上で何を明らかにするのかが明確になっている。このような「問い」は増加していることが明らかになった。

3-6 「操作」

　これは，観察・実験等もしくは作業等を促す「問い」である（関根，2013）。教科書における具体例として，「身近な地域の自然環境について，何

をどのように調べたらよいか話し合ってみよう」や，「天体望遠鏡で太陽の表面のようすを観測してみよう」などが該当しており，仮説設定を行わないものが多く見られた。

3−7　「考察」

　これは，観察・実験等を通して考察を促す「問い」である（関根，2013）。Y社の2020年検定済中学校理科教科書には該当しておらず，「調べよう」や「考えよう」といった，活動を促すこの「問い」は減少していることが明らかになった。

　おわりに

　本章では，Y社の2020年検定済中学校理科教科書に掲載されている観察・実験等の「問い」を対象に，関根ら（2012）に基づいて「問い」の分類を行い，2011年検定済中学校理科教科書との比較から「問い」の特徴を明らかにすることを第一の目的とした。その結果，「どのように＋動詞（how＋動詞）」や「どのような＋名詞（how／what＋名詞）」「何（what）」といった探究可能な「問い」が増加している反面，「はい・いいえ（yes／no）」や「呼びかけ」といった「問い」は減少していることが明らかになった。

　第二の目的である第3章（山田ら，2021）の3観点で整理された特徴的な技能と「問い」との関連性について検討した結果，「法則」や「何（what）」では，「定量的」や「仮説設定」が多く含まれている反面，「手段」や「操作」では，「仮説設定」や「変数制御」が少ないことが明らかになった。分析の結果から，本章を通して得られた知見は以下の2点である。

　①　「どのように＋動詞（how＋動詞）」「どのような＋名詞（how／what＋名詞）」「何（what）」といった検証可能な「問い」は増加している反面，「はい・いいえ（yes／no）」のような検証が難しい「問い」は減少していることが明らかになった。

　②　関係性や規則性を見いだすための「問い」や「何（what）」では，「定

量的」や「仮説設定」が多く含まれている反面，手段としての「問い」や観察・実験等もしくは作業等を促す「問い」では，「仮説設定」や「変数制御」が少ないことが明らかになった。

注釈

1) 第3章（山田ら，2021）では，長谷川ら（2013）が分析対象にした教科書会社3社のうち，Y社を分析対象に同様の分析を行った結果，6群に分類できることを明らかにしている（表3-7）。

2) 第3章（山田ら，2021）では，長谷川（2012）に基づいて特徴的な技能を「定性的・定量的」「仮説設定の有無」「変数制御の有無」の3観点で整理し，長谷川ら（2013）との観察・実験等の数の比較を行っている。これらの特徴的な技能は，各クラスターの傾向を示したものであり，該当する全ての観察・実験等がその特徴的な技能を満たしている訳ではない。なお，長谷川ら（2013）は，長谷川（2012）の一部を再構成したものである。

3) 関根ら（2012）では，観察・実験等の内容と直前に掲載されている問いかけとの一致が見られなかったものは，一次分類において「その他」に分類していたため，本章でも同様に従った。

4) 関根（2013）では，研究内容として以下の4点が記載されている。

① 吉山ら（2011，2012）が使用したプロセス・スキルズをもとに，現在（2012年当時）の小中学校における理科の実態に合った，「探究の技能」の精選を行う。

② 「探究の技能」を用いて，中学校理科の教科書（2011年検定済）に掲載されている観察・実験等を分析し類型化することで，類型ごとの探究的特徴について考察を行う。

③ 教科書に掲載された問いを分析することで，探究活動の類型と問いかけの記述との整合性の確認を行う。

④ 「探究の技能」による類型から明らかになった観察・実験等の特性に合わせて指導を計画し，仮説・検証の過程を言語で表現する力の向上について検証する。

なお，関根ら（2012）の内容は③の内容を学会で発表したものである。

参考文献

1) 山田貴之・田代直幸・栗原淳一・小林辰至・松本隆行・木原義季・山田健人（2021）「プロセス・スキルズを精選・統合した『探究の技能』に基づく観察・実験等の類型化とその探究的特徴 ― 中学校理科教科書の分析を通して ― 」『理科教育学研究』第62巻，第2号，497-511。

引用文献

1) Chin, C., & Osborne, J. (2008). Students' questions: a potential resource for teaching and learning science. Studies in Science Education, 44 (1), 1-39.

2) 深谷達史（2021）「第8章 問いに基づく探究的な学習とその実践」，小山義徳・道田泰司（編）「『問う力』を育てる理論と実践－問い・質問・発問の活用の仕方を探る－」ひつじ書房，147-165。

3) 長谷川直紀（2012）「仮説・検証の過程を言語で表現する力を育成する理科指導法の研究－オームの法則について－」『上越教育大学大学院学校教育研究科修士論文』1-121。

4) 長谷川直紀・吉田裕・関根幸子・田代直幸・五島政一・稲田結美・小林辰至（2013）「小・中学校の理科教科書に掲載されている観察・実験等の類型化とその探究的特徴－プロセス・スキルズを精選・統合して開発した『探究の技能』に基づいて－」『理科教育学研究』第54巻，第2号，224-247。

5) 廣直哉・内ノ倉真吾（2019）「中学生による科学的に探究可能な問いの判断と生成の実際－大学生との比較に基づいて－」『理科教育学研究』第60巻，第1号，173-184。

6) 石井恭子（2014）「科学教育における科学的探究の意味－D.Hawkinsによる Messing About 論を手がかりに－」『教育方法学研究』第39巻，59-69。

7) 角屋重樹（2017）「新学習指導要領が目指すものと思考力・判断力・表現力」『新学習指導要領における資質・能力と思考力・判断力・表現力』文渓堂，8-20。

8) 川崎弘作・吉田美穂（2021）「科学的探究における疑問から問いへの変換過程に関する思考力育成のための学習指導」『理科教育学研究』第62巻，第1号，83-94。

9) 河原井俊丞・宮本直樹（2021）「中学校理科における科学的探究可能な『問い』の生成プロセス」『理科教育学研究』第63巻，第3号，403-416。

10) 小林辰至（2017）「探究する資質・能力を育む理科教育」大学教育出版，19-25。

11) 文部科学省（2008）「中学校学習指導要領」57-73。

12) 文部科学省（2018a）「中学校学習指導要領（平成29年告示）」78-98。

13) 文部科学省（2018b）「中学校学習指導要領（平成29年告示）解説理科編」9-13，24。

14) 中山迅・野村法雄・猿田祐嗣（2011）「中学校理科教科書の記述における『問い』の類型－物理領域に注目して－」『日本理科教育学会全国大会発表論文集』第62巻，346。

15) 中山迅・猿田祐嗣（2015）「小学校理科教科書における『問い』の現状と理科授業への示唆」『理科教育学研究』第56巻，第1号，47-58。

16) 中山迅・猿田祐嗣・森智裕・渡邉俊和（2014）「科学的探究の教育における望ましい『問い』のあり方－日本の中学校理科教科書における『問い』の出現場所と種類－」『理科教育学研究』第55巻，第1号，47-57。

17) 関根幸子・長谷川直紀・田代直幸・五島政一・稲田結美・小林辰至（2012）「中学校理科教科書に掲載された観察・実験等の問いの類型化とその探究的特徴」『日本科学教育学会研

究会研究報告』第 27 巻，第 6 号，44-50。

18）　関根幸子（2013）「科学的な思考力・判断力・表現力を育む理科指導法の改善 ― 中学校
　　生物分野の授業改善を目指して ― 」『上越教育大学大学院学校教育研究科修士論文』131-
　　188。

19）　鈴木康浩・藤本義博・益田裕充（2019）「中学校理科教員の意識調査から明らかになった
　　指導上の課題と改善の方向性」『理科教育学研究』第 59 巻，第 3 号，401-410。

20）　吉田美穂・川崎弘作（2019）「科学的探究における疑問から問いへ変換する際の思考の順
　　序性の解明に関する研究」『理科教育学研究』第 60 巻，第 1 号，184-194。

付記

　本章は「理科教育学研究」第 63 巻，第 1 号（2022）に掲載された「中学校理科の観察・実
験等における『問い』の分類とその特徴 ― Y 社の 2011 年と 2020 年の検定済教科書を比較し
て ― 」を書き直したものである。

資料4-1　第1学年の「問い」一覧

領域	「問い」	一次分類	二次分類	番号
生命	生物を観察するとき、どのようにすればよいか	どうしたら (would 手段)		1
	身のまわりの生物は、どのように分類できるだろう	どのように (how) + 動詞	手段	2
	自分なりの基準で分類してみよう	呼びかけ	操作	3
	花にはどのような似ているつくり・ちがいがあり、どのように分類できるか	どのような (how/what) + 名詞	性質	4
	脊椎動物は、からだの特徴でどのように分類できるか	どのように (how) + 動詞	手段	5
	物質は、加熱した結果をもとに、どのような基準で分類できるか	どのように (how) + 動詞	手段	6
	形や大きさがばらばらの物質が何であるかを調べるには、どのようにすればよいか	どのような (how/what) + 名詞	その他	7
	水溶液から溶質を固体として取り出すには、どのようにすればよいか	どうしたら (would 手段)		8
粒子	また、それぞれどのような性質をもつか	どうしたら (would 手段)		9
	液体と二酸化炭素は、質量や体積はどのように変化するか	どのような (how/what) + 名詞	性質	10
	また、粒子のモデルでどのように説明するか	どのように (how) + 動詞	変化・状態	11
	水とエタノールの混合物から、エタノールをとり出す方法にはどのようにしたらよいか	どうしたら (would 手段)	手段	12
	光源からの光が物体で反射するとき、光の進み方にはどのような決まりがあるか	どのように (how) + 名詞		13
エネルギー	また、物体を通るとき、その進み方にはどのような決まりがあるか	どのような (how/what) + 名詞	法則	14
	凸レンズによってスクリーンにできる像は、光源・凸レンズ・スクリーンのそれぞれの距離とどのような関係があるか	どのような (how/what) + 名詞	法則	15
	音の伝わり方はどのように表せるか	どのように (how) + 動詞	手段	16
	音の大きさや高さと弦の振動には、どのような関係があるか	どのような (how/what) + 名詞	法則	17
	力がはたらいているとき、どのようにしてわかるか	どうしたら (would 手段)		18
	ばねにつるすおもりの重さと、ばねの伸びの間には、どのような関係があるか	どのような (how/what) + 名詞	法則	19
	物体に2力がはたらいて動かないとき、2力の向きや大きさにはどのような関係があるか	どのような (how/what) + 名詞	法則	20
	身のまわりの地形や地形から、疑問や問いを見つけよう	呼びかけ	操作	21
		呼びかけ	その他	22
地球	火山灰にはどのような鉱物がふくまれるか	どのような (how/what) + 名詞	法則	23
	また、マグマのねばりけとどのような関係があるか	どのような (how/what) + 名詞		24
	安山岩や花こう岩の色合いと組織のちがいは、何が原因か	何 (what)		25
	堆積岩はどのような特徴をもち、どのように分類できるか	どのような (how/what) + 名詞	性質	26
	この単元での今までの学習をいかして、地層から何が復元できるか	どのように (how) + 動詞	手段	27
	地震が起こり、そのゆれが伝わっていくとき、どのような決まりがあるか	何 (what)		28
	大地の変動に関わるどのような恵みや災害があるか	どのような (how/what) + 名詞	法則	29
	この単元に対して、どのような防災・減災対策が立てられているか	どのような (how/what) + 名	その他	30
		どのような (how/what) + 名	その他	31

注) 表中の番号は、第1学年の初発の単元から第3学年の最終の単元まで順に割り当てたものである。

資料4-2 第2学年の「問い」一覧

領域	[問い]	一次分類	二次分類	番号
粒子	「物質が燃える」とは、物質がどうなることか	どのように (how) +動詞	変化・状態	32
	鉄と硫黄が結びつく化学変化は、原子のモデルでどのように説明できるか	どのように (how) +動詞	手段	33
	水の電気分解では、陽極と陰極から何が発生するか	何 (what)		34
	炭酸水素ナトリウムを加熱すると何が生じるか	何 (what)		35
	化学変化の前後における物質全体の質量はどのように変化するか	どのように (how) +動詞	変化・状態	36
	金属の粉末の加熱をくり返すと、加熱後の質量はどのように変化していくか	どのように (how) +動詞	変化・状態	37
	いろいろな化学変化は、化学反応式でどのように表せるか	どのように (how) +動詞	手段	38
	酸化銅から銅を取り出すにはどうすればよいか	どうしたら (would 手段)		39
	化学変化にともなって、ほかに変化することはあるか	はい・いいえ (yes/no)		40
生命	生物は何からできているか	何 (what)		41
	動物や植物をつくる細胞には、どのような似ているところ・ちがうところがあるか	どのような (how/what) +名詞	その他	42
	植物のからだの中には、水を運ぶにはどのようなつくりがあるか	どのような (how/what) +名詞	性質	43
	植物がデンプンをつくり出すのに必要な条件は何か	何 (what)		44
	デンプンは葉の細胞の中のどの部分でできるか	どこ (where)		45
	デンプンは葉でできて、どこからきたのか	どこ (where)		46
	葉のデンプンによってアンモニアが発生で確かめられることは、どのような実験で確かめられるか	どのような (how/what) +名詞	その他	47
	刺激を受けてから反応するまで、どのような神経の回路をたどるか	どのような (how/what) +名詞	その他	48
	刺激を受けてから反応するまで、どのような神経の回路をたどるか	どのような (how/what) +名詞	その他	49
	植物や動物の生きるしくみの学習で興味をもったことをまとめて、発表し合おう	呼びかけ	操作	50
エネルギー	電流の大きさは、豆電球を通ってどこでも等しくなるか	はい・いいえ (yes/no)		51
	豆電球の直列回路や並列回路を流れる電流の大きさには、どのような決まりがあるか	どのような (how/what) +名詞	法則	52
	豆電球の直列回路や並列回路に流れる電流の大きさには、どのような決まりがあるか	どのような (how/what) +名詞	法則	53
	抵抗器にかける電圧の大きさと、流れる電流の大きさには、どのような関係があるか	どのような (how/what) +名詞	法則	54
	それを調べるために、どのような実験を行えばよいか	どのような (how/what) +名詞	その他	55
	電熱線の発熱量は、電力や時間と、どのような関係にあるか	どのような (how/what) +名詞	法則	56
	それを調べるために、どのような実験を行えばよいか	どのような (how/what) +名詞	その他	57
	1本の導線にはどのような磁界ができるか	どのような (how/what) +名詞	その他	58
	また、その磁界は電流とどのような関係があるか	どのような (how/what) +名詞	法則	59
	コイルを磁界の中に置くと、コイルにはどのような力がはたらくか	どのような (how/what) +名詞	その他	60
	磁界の中でコイルを動かすと、何が起こるか	何 (what)		61
地球	電気にはどのような性質があり、どのような関連がはたらくか	どのような (how/what) +名詞	その他	62
	また気象要素どうしには、どのような関連がはたらくか	どのような (how/what) +名詞	法則	63
	気象要素の変化を調べるための観測は、どのように行ったらよいか	どのように (how) +名詞	手段	64
	※[問い] が見当たらない観察・実験等	その他		65
	※[問い] が見当たらない観察・実験等	その他	その他	66
	露点は何に関係しているか	何 (what)		67
	霧ができるしくみは、気圧や露点の変化でどのように説明できるか	どのような (how) +動詞	手段	68
	気象に関するどのような恵みや災害があるか	どのような (how/what) +名詞	その他	69
	また、災害に対しては、どのような防災・減災対策が立てられているか	どのような (how/what) +名詞	その他	70

注) 表中の番号は、第1学年の初発の単元から第3学年の最終の単元まで順に割り当てたものである。

資料4-3　第3学年の「問い」一覧

領域	問い	一次分類	二次分類	番号
エネルギー	水中の物体にはどのような圧力がはたらくか	どのような(how/what)＋名詞	その他	71
	浮力の大きさは何に関係があるか	何(what)		72
	2力が一直線上にない場合、力はどのように合成されるか	どのように(how)＋動詞	手段	73
	物体の運動はどのようにして記録できるか	どうしたら(would手段)	手段	74
	斜面を下る物体には、どのような力がはたらいているか	どのような(how/what)＋名詞	その他	75
	斜面を下る物体の速さの変化のしかたには、どのような決まりがあるか	どのような(how/what)＋名詞	法則	76
	物体が力を受けないとき、物体はどのように運動するか	どのように(how)＋動詞	変化・状態	77
	定車や動車を使うことで、物体を持ち上げるための仕事はどうなるか	どのように(how)＋動詞	変化・状態	78
	位置エネルギーの大きさは何に関係しているか	何(what)		79
	運動エネルギーの大きさは何に関係しているか	何(what)		80
	位置エネルギーと運動エネルギーはどのように関係しているか	どのような(how/what)＋名詞	変化・状態	81
	エネルギーが移り変わるとき、もとのエネルギーから移り変わったエネルギーにはどのような関係があるか	どのような(how/what)＋名詞	法則	82
生命	根が伸びるとき、細胞はどのように変化しているか	どのような(how/what)＋名詞	変化・状態	83
	生物の生殖には、どのような特徴があるか	どのような(how/what)＋名詞	性質	84
	［メンデルの実験1］［メンデルの実験2］受精した卵（花粉の精細胞と胚珠の卵細胞は、どのようにして受精するか	どのように(how)＋動詞	手段	85
	遺伝子でどのように説明できるか	どのように(how)＋動詞	手段	86
	落ち葉が減っているのは何が関わっている原因は何か	何(what)		87
粒子	電流が流れる水溶液は、何が関わっているか	どのように(how)＋動詞		88
	塩化銅水溶液の中の電気分解で電極に現れる物質から、水溶液の中のようすはどのように考えられるか	どのように(how)＋動詞	手段	89
	塩酸や塩化鉄水溶液は、電気分解の結果、陰極に陽極にどのような物質が発生するか	どのような(how/what)＋名詞	その他	90
	水溶液が電気的な性質になるのは、何によって決まるか	何(what)		91
	［メンデルの実験2］何によって決まるか	何(what)		92
	塩酸と水酸化ナトリウム水溶液を混ぜ合わせると、水溶液の性質はどうなるか	どのように(how)＋動詞	変化・状態	93
	金属イオンをふくむ水溶液から金属が生じるしくみをどのように説明できるか	どのように(how)＋動詞	手段	94
	「問い」が見当たらない観察・実験など	その他	その他	95
	ダニエル電池の電極の変化は、イオンと電子でどのように説明できるか	どのように(how)＋動詞	手段	96
地球	太陽を観測すると、何がわかるか	何(what)		97
	天体望遠鏡で太陽の表面のようすを観測してみよう	呼びかけ	操作	98
	月の位置と満ち欠けの決まりは、太陽、地球、月の位置の変化でどのように説明できるか	どのように(how)＋動詞	手段	99
	太陽系には、どのような天体があるか	どのような(how/what)＋名詞	その他	100
	1日の太陽の動きは、「宇宙から見たとき」、どのように説明できるか	どのように(how)＋動詞	手段	101
	観測者から見た1日の星の動きは、天球でどのように説明できるか	どのように(how)＋動詞	手段	102
	真夜中に見られる星座が季節ごとに変わるのは、地球上・宇宙からの見方でどのように説明できるか	どのような(how/what)＋名詞	手段	103
	金星の見え方の変化は、どのようなモデルで説明できるか	どのような(how/what)＋名詞	その他	104
その他	身近な地域の自然環境について、何をどのように調べたらよいか話し合ってみよう	何(what)		105
	プラスチックとそれ以外の物質は、それぞれの長所や短所をふまえてどのように利用されているか	どのように(how)＋動詞	手段	106
	次の課題について、それぞれの長所・短所などをふまえて、あなたはどのように考えるか	呼びかけ	操作	107
		どのように(how)＋動詞	手段	108
		どのように(how)＋動詞	手段	109
	まとめたことを発表し、話し合う	呼びかけ	操作	110

注）表中の番号は、第1学年の初発の単元から第3学年の最終の単元まで順に割り当てたものである。

第 **5** 章

小学校理科教科書に掲載されている「問い」の分類とその探究的な特徴
— Y 社の 2010 年と 2019 年の検定済教科書を比較して —

は じ め に

　科学的な探究活動を進める上で，「問い」は必要不可欠な要素である（Chin & Osborne, 2008）。柞磨（2020）は，「問い」は授業の質を決めるものであり，優れた「問い」は深い思考を生み出すとしている。中山・猿田・森・渡邉（2014）および中山・猿田（2015）は，実際の理科授業の大まかな傾向を示唆する上で，小中学校の理科教科書の「問い」を分析することは大変有益であると述べている。特に中山・猿田（2015）では，「小学校理科の問題解決の質を授業レベルで改善しようとするとき，問題解決の鍵となる『問い』への注目を外すことはできない。なぜなら，『問い』が，問題解決活動で児童が何に取り組み，教師が何を支援するかを決定するからである。理科の教科書がどのような問題解決を意図しているのかは，教科書に書かれている『問い』として表現されている。そこで，現在の小学校理科教科書における問題解決の各場面において，どのような問いが設定され，何に焦点化した問題解決が行われているのかを教科書レベルで明らかにする試みが必要である」と述べている。

　しかしながら，我が国の国立情報学研究所が運営する「CiNii」に「理科教科書，問い」をキーワードとして入力し検索したところ，該当した研究は前述の報告を含めて 27 件（内訳：学術論文 2 編，紀要論文 5 編，学会発表 14 件，ポスター発表 6 件）であった。さらに，これらはいずれも 2011 年以降に報告されたものであることから，国内の理科教育や科学教育に関する学術論文にお

いて，研究の蓄積はいまだ十分とは言えない。

　こうした背景を踏まえ，関根ら（2012）は，中山・野村・猿田（2011）を参考に，2011年検定済中学校理科教科書に掲載されている全観察・実験等の「問い」の分類を行っている。吉田（2012）もまた，前出の中山ら（2011）を参考に，2010年検定済小学校理科教科書に設定されている全観察・実験等の「問い」の分類を行うとともに，「探究の技能」との関連を検討し，科学的な問題解決活動における「問い」の重要性を報告している。

　しかし，関根ら（2012）が分析対象とした2011年検定済中学校理科教科書は，中学校学習指導要領（文部科学省，2008）に準拠しており，中学校学習指導要領（平成29年告示）（文部科学省，2018a）が求める理科の目標とは異なった内容で作成されている。したがって，関根ら（2012）の知見は，中学校学習指導要領（平成29年告示）（文部科学省，2018a）に準拠した，2020年検定済中学理科教科書には適用できない可能性があると考えられる。

　そこで筆者らは，第4章（山田ら，2022）において，Y社の2020年検定済中学校理科教科書に掲載されている「問い」を対象に，関根ら（2012）に基づいて分類を行い，2011年検定済中学校理科教科書との比較から，その特徴を明らかにした。さらに，観察・実験等の探究的な特徴を3観点（「定性的・定量的」「仮説設定の有無」「変数制御の有無」）で整理した第3章（山田ら，2021b）の知見と関連付け，各「問い」の特徴を明らかにした。そして，このような背景を踏まえ，中学校理科教科書と同様，小学校学習指導要領（平成29年告示）（文部科学省，2018b）に準拠した理科教科書に掲載されている「問い」においても記述の仕方に変化がもたらされた可能性があるため，追試研究を行う必要があると考えた。

　また，小中学校理科教科書における「問い」の数を比較検討することで，それぞれの特徴を見いだせるとともに，校種間の接続を踏まえた「問い」の生成に関する指導の一助となることが期待される。加えて，探究的な特徴と「問い」との関連を検討することについて，第4章（山田ら，2022）では「一連のプロセスである科学的な探究活動において，育むべき探究の力と『問い』の関連が明らかになることは，実際の理科授業において，教師の『問い』の設定に対

しての手立てになる」と明記されており，本章においても同様のことが期待される。そこで，第4章（山田ら，2022）と同様に，3観点（「定性的・定量的」「仮説設定の有無」「変数制御の有無」）で整理された特徴的な技能と「問い」との関連について検討することで，問題解決活動における「問い」の特徴を見いだすことができると考えた。なお，小学校理科教科書に掲載されている「問い」と観察・実験等の探究的な特徴との関連を検討した研究は，吉田（2012）以降行われておらず，2019年検定済小学校理科教科書の「問い」に関する学術論文はほとんど報告されていないのが現状である。

　そこで本章では，Y社の2019年検定済小学校理科教科書の観察・実験等における「問い」を対象に，吉田（2012）に基づく分類を試みるとともに，吉田（2012）および第4章（山田ら，2022）と比較したり，第2章（山田ら，2021a）において3観点（「定性的・定量的」「仮説設定の有無」「変数制御の有無」）で整理された特徴的な技能と「問い」との関連について検討したりすることによって，「問い」の特徴を明らかにすることとした[1]。

第1節　小学校理科教科書に掲載されている「問い」の分析方法

1−1　目　的

　本章では，Y社の2019年検定済小学校理科教科書に掲載されている観察・実験等の「問い」を対象に，吉田（2012）に基づく分類を試みるとともに，吉田（2012）が分析を行った2010年検定済小学校理科教科書，および第4章（山田ら，2022）において分析を行った2020年検定済中学校理科教科書との比較による「問い」の特徴を明らかにすることを第一の目的とした。加えて，第2章（山田ら，2021a）における3観点（「定性的・定量的」「仮説設定の有無」「変数制御の有無」）と「問い」との関連について検討することで，その特徴を明らかにすることを第二の目的とした。

1－2　「問い」の抽出

　吉田（2012）に基づき，本章における「問い」を「観察・観察・実験等の直前に掲載されている疑問を持たせたり事象の変化に着目させたりすることを目的とした問いかけ」と定義し，該当する「問い」をY社の2019年検定済小学校理科教科書の記述から抽出した。さらに，1つの観察・実験等に複数の「問い」が含まれていた場合（例：「空気中には，水じょうきがあるのだろうか。また，どうすれば調べられるだろうか」）についても，吉田（2012）と同様，それぞれを抽出することとした。

1－3　「問い」の分類

　吉田（2012）を参考に，分類の基準を作成した（表5-1，表5-2）。本章では，この基準に従って抽出された「問い」の一次分類および二次分類を行った。具体的には，前者は英語文法5W1Hに従って分類した。また，後者では

表5-1　一次分類の基準

一次分類	抽出した「問い」の中の分析対象（例）	
	吉田（2012）	本章
はい・いいえ（yes/no）	・できるでしょうか ・同じなのでしょうか ・なるのだろうか ・するのだろうか ・ちがうのでしょうか ・見られるでしょうか ・変化するでしょうか， ・必要なのでしょうか，	・いるでしょうか ・かわるのでしょうか ・つたわるのでしょうか ・なるでしょうか ・ちがうのでしょうか ・できているのでしょうか ・変化するのだろうか ・するだろうか
どのように＋動詞 （how＋動詞）	・どのように ・どう	・どのように ・どう
どのような＋名詞 （how/what＋名詞）	・どのような ・どんな	・どのような
どこ（where）	・どこを ・どこへ ・どこが	・どこを ・どこへ ・どこに

どの・どちらの（which）	・どれだろうか ・どれでしょうか ・どちらがわに	・どの方向に
何（what）	・何に ・何を ・何か ・何が	・何に ・何を ・何が ・何
なぜ（why）	・なぜだろう ・なぜでしょうか ・どうしてだろうか	・なぜだろうか ・なぜでしょうか ・どうしてだろうか
いつ（when）	－	－
どうしたら（would 手段）	・どうしたら ・どのようにしたら ・どうすれば	・どのように ・どのようにすれば ・どうすれば
どれくらいか（how 量）	・どのくらい ・どれくらい	・どれくらい ・何℃くらい
呼びかけ	・確かめてみましょう ・調べましょう ・見つけよう ・予想しよう ・観察しましょう	－
その他	「問い」が見当たらない観察・実験等	「問い」が見当たらない観察・実験等

Y社の2010年検定済小学校理科教科書で多く見られた，「どのように＋動詞（how＋動詞）」「どのような＋名詞（how/what＋名詞）」「呼びかけ」の３つを対象として，さらに詳細な分類を行った。なお，分類を行う過程で，「どのように＋動詞（how＋動詞）」や，「どうしたら（would 手段）」といった複数の一次分類に解釈ができるような「問い」があった場合（例：「たい児は，母親の体内で育つための養分を，どのように得ているのだろうか」），理科教育学研究者１名と理科教育学を専門とする大学院生４名（うち３名は教職経験が10年以上の経験豊富な理科を専門とする教員）で複数回の協議を行い，不一致点をすべて解消した。

表5-2　二次分類の基準

二次分類		一次分類で抽出した疑問詞に続く単語等（例）	
		吉田（2012）	本章
どのように＋動詞 （how＋動詞）	変化・状態	育つ，動かす，変化する，進む，温まる	育てる，動く，変わる，進む，温まる
	手段	つなぐ，する，関わる，使う，かかわり合う	つなぐ，得る
	その他	上記2つに該当しない単語	上記2つに該当しない単語
どのような＋名詞 （how/what＋名詞）	性質	部分，性質，温まり方，特徴，形，色，つくり，働き，変化，ようす	もの，つくり，育ち方，部分，温まり方，性質，特徴，働き，しくみ
	法則	関係，ちがい，理由，条件	関係，ちがい，きまり
	その他	上記2つに該当しない単語	上記2つに該当しない単語
呼びかけ	操作	走らせよう，分けよう，観察しよう，集めよう，比べよう，探そう	－
	考察	確かめよう，調べよう，予想しよう，考えよう	－

1-4　「問い」の集計

　まず，分類した「問い」を領域（エネルギー，粒子，生命，地球）および学年で区分し，その数を集計した。次に，「問い」の数を独立変数，領域や学年を従属変数としてχ^2検定および残差分析を行った。

1-5　2010年検定済小学校理科教科書との比較

　本章と吉田（2012）との「問い」の数を比較するために，正確二項検定を行った。

1-6 特徴的な技能との関連

第2章（山田ら，2021a）において3観点（「定性的・定量的」「仮説設定の有無」「変数制御の有無」）で整理された特徴的な技能（表2-15）と，「問い」との関連を検討するために，正確二項検定を行った。なお，「問い」の数は，第3学年が36，第4学年が40，第5学年が31，第6学年が34であり，合計141である。「1-2」で述べたように，1つの観察・実験等に複数の「問い」が含まれているものがあることから，表2-15に示した観察・実験等の合計数132と一致しないことを断っておく。

第2節　小学校理科教科書に掲載されている「問い」の分析結果

2-1 「問い」の抽出

分析の結果，141の「問い」が抽出された。その一覧を学年ごとに示す（資料5-1～資料5-4）。

2-2 「問い」の分類

抽出した「問い」を吉田（2012）の分類方法に基づいて一次分類および二次分類を行った（表5-3）。一次分類の数は，「はい・いいえ（yes/no）」が33，「どのように＋動詞（how＋動詞）」が44，「どのような＋名詞（how/what＋名詞）」が24，「どこ（where）」が8，「どの・どちらの（which）」が1，「何（what）」が7，「なぜ（why）」が5，「いつ（when）」が0，「どうしたら（would手段）」が11，「どれくらいか（how量）」が6，「呼びかけ」が0，「その他」が2であった。一次分類の結果，「はい・いいえ（yes/no）」「どのように＋動詞（how＋動詞）」「どのような＋名詞（how/what＋名詞）」の合計が101となり，約72%を占めることが明らかになった。

二次分類の数は，「変化・状態」が40，「手段」が3，「その他」が1，「性質」が18，「法則」が5，「その他」が1，「操作」が0，「考察」が0であった。

表5-3 「問い」の分類結果

一次分類		二次分類	
はい・いいえ（yes/no）	33	−	−
どのように＋動詞（how＋動詞）	44	変化・状態	40
		手段	3
		その他	1
どのような＋名詞（how/what＋名詞）	24	性質	18
		法則	5
		その他	1
どこ（where）	8	−	−
どの・どちらの（which）	1	−	−
何（what）	7	−	−
なぜ（why）	5	−	−
いつ（when）	0	−	−
どうしたら（would 手段）	11	−	−
どれくらいか（how 量）	6	−	−
呼びかけ	0	操作	0
		考察	0
その他	2	−	−
合計	141	合計	68

注）表内の数値は，各分類における「問い」の数を示す。

2−3 「問い」の集計

　領域間における一次分類および二次分類の「問い」の数を表5-4，表5-5に示す。まず，表5-4の通り，一次分類では「どうしたら（would 手段）」において，エネルギーが7，粒子が2，生命が0，地球が2であり，有意な差が見られた（$\chi^2(3) = 9.73$, $p < .05$）。残差分析の結果，有意な差は見られなかった。

　また，「どれくらいか（how 量）」において，エネルギーが0，粒子が1，生命が5，地球が0であり，有意な差が見られた（$\chi^2(3) = 11.33$, $p < .05$）。残差分析の結果，有意な差は見られなかった。それ以外の一次分類では有意な差は見られなかった。次に，表5-5の通り，二次分類ではすべて有意な差は見られなかった。

表 5-4　領域間における一次分類の「問い」の数

一次分類	「問い」の数			
	エネルギー	粒子	生命	地球
はい・いいえ（yes/no）	7	8	10	8
どのように＋動詞（how ＋動詞）	10	8	18	8
どのような＋名詞（how/what＋ 名詞）	5	3	6	10
どこ（where）	2	0	5	1
どの・どちらの（which）	0	0	0	1
何（what）	1	4	2	0
なぜ（why）	3	0	0	2
いつ（when）	0	0	0	0
どうしたら *(would 手段)**	7	2	0	2
どれくらいか *(how 量)**	0	1	5	0
呼びかけ	0	0	0	0
その他	0	1	1	0
合計	35	27	47	32

注）「問い」の総数は 141 である。*$p < .05$

表 5-5　領域間における二次分類の「問い」の数

二次分類		「問い」の数			
		エネルギー	粒子	生命	地球
どのように＋動詞 （how ＋動詞）	変化・状態	8	8	17	7
	手段	2	0	1	0
	その他	0	0	0	1
どのような＋名詞 （how/what ＋名詞）	性質	4	3	5	6
	法則	1	0	1	3
	その他	0	0	0	1
呼びかけ	操作	0	0	0	0
	考察	0	0	0	0
合計		15	11	24	18

注）「問い」の総数は 68 である。

表5-6　学年間における一次分類の「問い」の数

一次分類	「問い」の数			
	第3学年	第4学年	第5学年	第6学年
はい・いいえ（yes/no）	7	12	8	6
どのように＋動詞（how＋動詞）	12	15	10	7
どのような＋名詞（how/what＋名詞）	5	5	9	5
どこ（where）	3	1	2	2
どの・どちらの（which）	1	0	0	0
*何（what）***	0	0	1	6
なぜ（why）	1	2	0	2
いつ（when）	0	0	0	0
どうしたら（would 手段）	4	1	1	5
どれくらいか（how 量）	2	3	0	1
呼びかけ	0	0	0	0
その他	1	1	0	0
合計	36	40	31	34

注）「問い」の総数は141である。$**p<.01$

表5-7　学年間における二次分類の「問い」の数

二次分類		「問い」の数			
		第3学年	第4学年	第5学年	第6学年
どのように＋動詞 （how＋動詞）	変化・状態	11	14	8	7
	手段	1	1	1	0
	その他	0	0	1	0
どのような＋名詞 （how/what＋名詞）	性質	4	5	6	3
	法則	1	0	2	2
	その他	0	0	1	0
呼びかけ	操作	0	0	0	0
	考察	0	0	0	0
合計		17	20	19	12

注）「問い」の総数は68である。

　学年間における一次分類および二次分類の「問い」の数を表5-6, 5-7に示す。まず，表5-6の通り，一次分類では「何（what）」において，第3学年が0，第4学年が0，第5学年が1，第6学年が6であり，有意な差が見られた（χ^2(3) = 14.14, $p < .01$）。残差分析の結果，有意な差は見られなかった。それ以外の一次分類では有意な差は見られなかった。次に，表5-7の通り，二次分類ではすべて有意な差は見られなかった。

2-4　2010年検定済小学校理科教科書との比較

　本章と吉田（2012）の「問い」を一次分類および二次分類に基づいて比較した結果を表5-8, 表5-9に示す。

　まず，表5-8の通り，一次分類では「どのように＋動詞（how＋動詞）」において，本章が44，吉田（2012）が25であり，有意な差が見られた（$p < .05$）。このことから，Y社の2019年検定済小学校理科教科書では，検証方法を児童自ら立案させ，見通しをもって問題解決に取り組ませることを重視していると考えられる。さらに，「呼びかけ」において，本章が0，吉田（2012）が36であり，有意な差が見られた（$p < .01$）。それ以外の一次分類では有意な差は見られなかった。

　次に，表5-9の通り，二次分類では「変化・状態」において，本章が40，吉田（2012）が23であり，有意な差が見られた（$p < .05$）。また，「操作」において，本章が0，吉田（2012）が13であり，有意な差が見られた（$p < .01$）。さらに，「考察」において，本章が0，吉田（2012）が23であり，有意な差が見られた（$p < .01$）。「呼びかけ」が大幅に減少した要因として，「～しましょう」といった「問い」では，具体的な探究の方向や検証方法等がすでに決められており，児童は教師から与えられた指示通りの学習活動を進めることになる。これでは，「主体的・対話的で深い学び」を通して「資質・能力」の育成を図ることが求められている小学校学習指導要領（平成29年告示）（文部科学省，2018b）の下，児童の能動的な学びの保障がきわめて困難になることは想像に難くないであろう。

表5-8　吉田（2012）との一次分類の比較結果

一次分類	「問い」の数	
	本章	吉田（2012）
はい・いいえ(yes/no)	33	25
*どのように＋動詞（how＋動詞）**	*44*	*25*
どのような＋名詞（how/what＋名詞）	24	23
どこ（where）	8	2
どの・どちらの（which）	1	1
何（what）	7	2
なぜ（why）	5	1
いつ（when）	0	0
どうしたら（would 手段）	11	8
どれくらいか（how 量）	6	6
*呼びかけ***	*0*	*36*
その他	2	1
合計	141	130

注）太字斜体は有意を示す。$**p < .01$，$*p < .05$

表5-9　吉田（2012）との二次分類の比較結果

二次分類		「問い」の数	
		本章	吉田（2012）
どのように＋動詞 （how＋動詞）	*変化・状態**	*40*	*23*
	手段	3	2
	その他	1	0
どのような＋名詞 （how/what＋名詞）	性質	18	16
	法則	5	3
	その他	1	4
呼びかけ	*操作***	*0*	*13*
	*考察***	*0*	*23*
合計		68	84

注）太字斜体は有意を示す。$**p < .01$，$*p < .05$

2−5 2020年検定済中学校理科教科書との比較

　本章と，第4章（山田ら，2022）で示した2020年検定済中学校理科教科書の「問い」の数の一覧を表5-10，5-11に示す。

　まず，表5-10の通り，一次分類では「はい・いいえ（yes/no）」において，本章が33，第4章（山田ら，2022）が2であり，有意な差が見られた（$p<.01$）。また，「どのような＋名詞（how/what＋名詞）」において，本章が24，第4章（山田ら，2022）が41であり，有意な差が見られた（$p<.05$）。さらに，「どれくらいか（how量）」において，本章が6，第4章（山田ら，2022）が0であり，有意な差が見られた（$p<.05$）。「呼びかけ」において，本章が0，第4章（山田ら，2022）が6であり，有意な差が見られた（$p<.05$）。それ以外の一次分類では有意な差は見られなかった。

　次に，表5-11の通り，二次分類では「変化・状態」において，本章が40，第4章（山田ら，2022）が23であり，有意な差が見られた（$p<.05$）。また，「性質」において，本章が18，第4章（山田ら，2022）が5であり，有意な差が見られた（$p<.05$）。さらに，「法則」において，本章が5，第4章（山田ら，2022）が16であり，有意な差が見られた（$p<.05$）。「その他（どのような＋名詞（how/what＋名詞））」において，本章が1，第4章（山田ら，2022）が20であり，有意な差が見られた（$p<.01$）。「操作」において，本章が0，第4章（山田ら，2022）が6であり，有意な差が見られた（$p<.05$）。それ以外の二次分類では有意な差は見られなかった。

2−6 特徴的な技能との関連

　第2章（山田ら，2021a）において，「定性的・定量的」「仮説設定の有無」「変数制御の有無」の3観点で整理された特徴的な技能における，一次分類および二次分類の「問い」の数を表5-12〜表5-17に示す。

　まず，表5-12の通り，「定性的・定量的」における一次分類では，すべて有意な差は見られなかった。表5-13の通り，二次分類では「性質」において，「定性的」が14，「定量的」が4であり，有意な差が見られたが（$p<.05$），それ以外については有意な差は見られなかった。

表5-10　第4章（山田ら，2022）との一次分類の比較結果

一次分類	「問い」の数	
	本章	第4章（山田ら，2022）
はい・いいえ (yes/no) **	*33*	*2*
どのように＋動詞（how＋動詞）	44	32
どのような＋名詞（how/what＋名詞） *	*24*	*41*
どこ（where）	8	2
どの・どちらの（which）	1	0
何（what）	7	17
なぜ（why）	5	0
いつ（when）	0	0
どうしたら（would 手段）	11	7
どれくらいか（how 量） *	*6*	*0*
呼びかけ *	*0*	*6*
その他	2	3
合計	141	110

注）太字斜体は有意を示す。**$p<.01$，*$p<.05$

表5-11　第4章（山田ら，2022）との二次分類の比較結果

二次分類		「問い」の数	
		本章	第4章（山田ら，2022）
どのように＋動詞 （how＋動詞）	*変化・状態* *	*40*	*23*
	手段	3	9
	その他	1	0
どのような＋名詞 （how/what＋名詞）	*性質* *	*18*	*5*
	法則 *	*5*	*16*
	その他 **	*1*	*20*
呼びかけ	*操作* *	*0*	*6*
	考察	0	0
合計		68	79

注）太字斜体は有意を示す。**$p<.01$，*$p<.05$

表5-12 「定性的・定量的」における一次分類の「問い」の数

一次分類	「問い」の数	
	定性的	定量的
はい・いいえ（yes/no）	20	13
どのように＋動詞（how＋動詞）	19	25
どのような＋名詞（how/what＋名詞）	17	7
どこ（where）	7	1
どの・どちらの（which）	1	0
何（what）	5	2
なぜ（why）	3	2
いつ（when）	0	0
どうしたら（would 手段）	7	4
どれくらいか（how 量）	1	5
呼びかけ	0	0
その他	2	0
合計	82	59

注）「問い」の総数は 141 である。

表5-13 「定性的・定量的」における二次分類の「問い」の数

二次分類		「問い」の数	
		定性的	定量的
どのように＋動詞 （how＋動詞）	変化・状態	15	25
	手段	3	0
	その他	1	0
どのような＋名詞 （how/what＋名詞）	*性質**	*14*	*4*
	法則	2	3
	その他	1	0
呼びかけ	操作	0	0
	考察	0	0
合計		36	32

注）「問い」の総数は 68 である。太字斜体は有意を示す。*$p<.05$

　次に，表5-14の通り，「仮説設定の有無」における一次分類では，「はい・いいえ（yes/no）」において，「仮説設定あり」が26，「仮説設定なし」が7であり，有意な差が見られた（*p*<.01）。これは，事象に関わる独立変数と従属変数が明確になっており，「問い」自体が仮説としての機能を合わせもつとしていることから（猿田・中山，2011），「仮説設定」を含む「問い」が多いと考えられる。また，「どのように＋動詞（how＋動詞）」において，「仮説設定あり」が30，「仮説設定なし」が14であり，有意な差が見られた（*p*<.05）。これは，「変化・状態」を問うものであることから，児童に予想や仮説を明確に立てさせた上で観察・実験等に取り組ませていく必要性が示唆される。さらに，「何（what）」において，「仮説設定あり」が7，「仮説設定なし」が0であり，有意な差が見られた（*p*<.05）。表5-15の通り，二次分類ではすべて有意な差は見られなかった。

　最後に，表5-16の通り，「変数制御の有無」における一次分類では，「どのような＋名詞（how/what＋名詞）」において，「変数制御あり」が4，「変

表5-14　「仮説設定の有無」における一次分類の「問い」の数

一次分類	「問い」の数	
	仮説あり	仮説なし
*はい・いいえ（yes/no）***	*26*	*7*
*どのように＋動詞（how＋動詞）**	*30*	*14*
どのような＋名詞（how/what＋名詞）	9	15
どこ（where）	4	4
どの・どちらの（which）	1	0
*何（what）**	*7*	*0*
なぜ（why）	5	0
いつ（when）	0	0
どうしたら（would 手段）	9	2
どれくらいか（how 量）	4	2
呼びかけ	0	0
その他	1	1
合計	96	45

注）「問い」の総数は141である。太字斜体は有意を示す。**p<.01，*p<.05

表5-15 「仮説設定の有無」における二次分類の「問い」の数

二次分類		「問い」の数	
		仮説あり	仮説なし
どのように＋動詞 （how＋動詞）	変化・状態	26	14
	手段	3	0
	その他	1	0
どのような＋名詞 （how/what＋名詞）	性質	6	12
	法則	3	2
	その他	0	1
呼びかけ	操作	0	0
	考察	0	0
合計		39	29

注）「問い」の総数は68である。

表5-16 「変数制御の有無」における一次分類の「問い」の数

一次分類	「問い」の数	
	条件あり	条件なし
はい・いいえ（yes/no）	21	12
どのように＋動詞（how＋動詞）	17	27
*どのような＋名詞（how/what＋名詞）**	*4*	*20*
どこ（where）	1	7
どの・どちらの（which）	1	0
何（what）	2	5
なぜ（why）	5	0
いつ（when）	0	0
どうしたら（would 手段）	8	3
*どれくらいか（how 量）**	*0*	*6*
呼びかけ	0	0
その他	0	2
合計	59	82

注）「問い」の総数は141である。太字斜体は有意を示す。$^{**}p < .01$, $^{*}p < .05$

表5-17 「変数制御の有無」における二次分類の「問い」の数

二次分類		「問い」の数	
		条件あり	条件なし
どのように＋動詞 （how＋動詞）	変化・状態	15	25
	手段	2	1
	その他	0	1
どのような＋名詞 （how/what＋名詞）	*性質* **	*3*	*15*
	法則	1	4
	その他	0	1
呼びかけ	操作	0	0
	考察	0	0
合計		21	47

注）「問い」の総数は68である。太字斜体は有意を示す。$^{**}p<.01$

数制御なし」が20であり，有意な差が見られた（$p<.01$）。また，「どれくらいか（how 量）」において，「変数制御あり」が0，「変数制御なし」が6であり，有意な差が見られたが（$p<.05$），それ以外については有意な差は見られなかった。これらは，「どのようなものが電気を通すでしょうか」や「植物はどれくらい育っているでしょうか」といった，「性質」や「法則」「変化・状態」に関する「問い」であることから，変数制御を含まない「問い」が設定されていると考えられる。表5-17の通り，二次分類では「性質」において，「変数制御あり」が3，「変数制御なし」が15であり，有意な差が見られたが（$p<.01$），それ以外については有意な差は見られなかった。

第3節 総合考察

以下では，表5-3に示した141の「問い」のうち，全体の約72%を占める「はい・いいえ（yes/no）」「どのように＋動詞（how＋動詞）」「どのような＋名詞（how/what＋名詞）」の3つと，表5-8に示した本章と吉田（2012）との比較において，大きな変化が見られた「呼びかけ」を取り上げて検討を加えることとする。

3-1 2010年検定済小学校理科教科書との比較

　表5-8の通り，「どのように＋動詞（how＋動詞）」については，本章の方が吉田（2012）よりも有意に多いことが認められた。小学校学習指導要領（平成29年告示）（文部科学省，2018b）では，「理科の見方・考え方」を働かせた問題解決を通して資質・能力を育成することが求められ，資質・能力を育成する学びの過程が記されるなど，問題解決の過程を通した学習が重視されている。

　これに準拠した2019年検定済小学校理科教科書において，「どのように＋動詞（how＋動詞）」が増加したことは，問題解決の力の育成をする上で欠かせない，8つの学びの過程に配慮して教科書が編集されたことにより，「問題解決の過程」が明確化されたり，観察・実験等の実施に至るまでの文脈が変化したりしたことによるものと推測される。このことから，Y社の2019年検定済小学校理科教科書では，検証方法を児童自ら立案させ，見通しをもって問題解決に取り組ませることを重視していると考えられる。

　また，「呼びかけ」については，本章では0であり，吉田（2012）よりも有意に少ないことが認められた。その要因として，「～しましょう」といった「問い」では，具体的な探究の方向や検証方法等がすでに決められており，児童は教師から与えられた指示通りの学習活動を進めることになると考えられる。これでは，「主体的・対話的で深い学び」を通して「資質・能力」の育成を図ることが求められている小学校学習指導要領（平成29年告示）（文部科学省，2018b）の下，児童の能動的な学びの保障が極めて困難になることは想像に難くない。

　さらに，「～しましょう」は行動目標であって「問い」の形式ではない。これを「問い」とした場合，実際の観察・実験等で得られた結果の考察や結論と「問い」が正対しない。Y社の2019年検定済小学校理科教科書では，こうした問題点が解消され，より問題解決のストーリーや各過程同士の関連を重視したものになっていると考えられる。

　一方，有意な差が見られなかった「はい・いいえ（yes/no）」「どのような＋名詞（how/what＋名詞）」について，前者は独立変数に気付かせる意図を

もっており，仮説の設定に導くことができる「問い」であり，後者は児童が観察・実験等の過程や結果を見通した上で，根拠を基に探究活動に取り組ませるための教師側の手立てが必要となる「問い」である（吉田・田代・五島・稲田・小林，2012）。これらは，「予想や仮説の設定」「検証方法の立案」「予想や仮説，検証方法と，観察・実験等の結果の一致，不一致の検討」といった問題解決活動において大切な過程を促す「問い」であると考えられる。このことは，理科の目標において「見通しをもって観察・実験等を行う」ことが明記された小学校学習指導要領解説（文部省，1999）以来，不易なものとして重視されていると言ってよいであろう。

3-2　2020年検定済中学校理科教科書との比較

　表5-10の通り，「はい・いいえ（yes/no）」については，本章の方が第4章（山田ら，2022）よりも有意に多いことが認められた。これは，肯定か否定かで答える二者択一的な「問い」であり（関根ら，2012），自然の規則性に関する単純な命題として表現可能な「問い」である（中山・猿田，2015）といった先行研究の知見と一致する。また，「3-1」で述べたように，「はい・いいえ（yes/no）」は独立変数に気付かせる意図をもっており，仮説の設定に導くことができる「問い」であることから（吉田ら，2012），児童に見通しをもたせ問題解決に取り組ませる小学校理科授業の時宜に適ったものであると考えられる。

　また，「どのような＋名詞（how/what＋名詞）」については，本章の方が第4章（山田ら，2022）よりも有意に少ないことが認められた。このことから，特徴的な技能との関連において，小学校では「定性的」な傾向にある「性質」が，中学校では「定量的」な傾向にある「法則」がそれぞれ多い傾向にあることが明らかになった。これは「小学校の理科教科書は極めて直観的・定性的であり，図，写真とイラストを駆使して書かれており，中学校のそれは少し定量的な説明になる」と述べている原（2003）の知見と一致する一方で，有意な差が見られなかった「どのように＋動詞（how＋動詞）」については，「3-1」で述べたように，「見通しをもって観察・実験等を行う」ことが小中学校の両

校種において重視されていることがわかる。

3−3　特徴的な技能との関連

　表5-12～表5-17の通り，第2章（山田ら，2021a）において，3観点（「定性的・定量的」「仮説設定の有無」「変数制御の有無」）で整理された特徴的な技能と，「問い」との関連を検討した結果，以下の3点が明らかとなった。

① 「定性的・定量的」では，「どのような＋名詞（how/what＋名詞）」の「性質」において，定性的な「問い」の方が有意に多いことが認められた（表5-13）。これは，例えば，「コオロギやトンボは，どのような育ち方をするのでしょうか」（資料5-1），「めしべとおしべには，どのような特ちょうがあるのだろうか」（資料5-3）といった，事象の変化のきまりや特徴を調べる「問い」であることから，「事象のようすや性質，構造等を調べ，記録を行い，分類の観点に基づき定性的に識別する」といった問題解決活動が求められていると考えられる。

② 「仮説設定の有無」では，「はい・いいえ（yes/no）」「どのように＋動詞（how＋動詞）」において，仮説設定を含む「問い」の方が有意に多いことが認められた（表5-14）。前者については，例えば，「水は，温めたり冷やしたりすると，体積は変化するのだろうか」（資料5-2）や，「同じもののおき方や形をかえたり，細かく分けたりすると，重さはかわるでしょうか」（資料5-1）といった，予想や仮説を立てて検証実験を行うに当たり，変数を制御する活動が多い「問い」であることから，「仮説を立てて，独立変数を制御し，従属変数の変化を定性的（定量的）に捉える」といった問題解決活動が求められていると考えられる。

　また，後者については，例えば，「たい児は，母親の体内で育つための養分を，どのように得ているのだろうか」（資料5-3）といった，根拠をもって予想や仮説を立てて検証を行い，事象のようすや性質，変化の特徴を定性的に捉え，考察する「問い」であることから，「仮説を立てて，事象のようすや性質，変化の特徴を定性的に捉える」といった問題解決活動が求められていると考えられる。

③　「変数制御の有無」では，「どのような＋名詞（how/what＋名詞）」に
　おいて，変数制御を含まない「問い」が有意に多いことが認められた（表
　5-16）。これは，例えば，「水を熱すると，どのような温まり方をするだ
　ろうか」（資料5-2）といった，　事象のようすや変化の特徴を調べる「問
　い」であることから，「事象のようすや性質，変化の特徴を測定したり，
　観察したりする」といった問題解決活動が求められていると考えられる。

　　お わ り に

　本章の第一の目的は，Y社の2019年検定済小学校理科教科書に掲載されて
いる観察・実験等の「問い」を対象に，吉田（2012）に基づく分類を試みると
ともに，吉田（2012）が分析を行った2010年検定済小学理科教科書，およ
び第4章（山田ら，2022）が分析を行った2020年検定済中学校理科教科書と
の比較による「問い」の特徴を明らかにすることであった。また，第二の目的
は，第2章（山田ら，2021a）における3観点（「定性的・定量的」「仮説設定
の有無」「変数制御の有無」）に基づいて「問い」を分類することで，その探究
的な特徴を明らかにすることであった。その結果，以下の6点が示唆された。

①　Y社の2019年検定済小学校理科教科書に掲載されている「問い」のう
　ち，「はい・いいえ（yes/no）」「どのように＋動詞（how＋動詞）」「どの
　ような＋名詞（how/what＋名詞）」の合計数が全体の約72%を占めるこ
　と
②　「状態・変化」や「手段」を問う「どのように＋動詞（how＋動詞）」と
　いった検証可能な「問い」が増加している一方で，「呼びかけ」のような
　検証が難しい「問い」は減少していること
③　2019年検定済小学校理科教科書と2020年検定済中学校理科教科書を比
　較すると，前者の方が後者よりも「はい・いいえ（yes/no）」については
　有意に多く，「どのような＋名詞（how/what＋名詞）」と「呼びかけ」に
　ついては有意に少ないこと
④　「定性的・定量的」では，「どのような＋名詞（how/what＋名詞）」の

「性質」において定性的な「問い」が有意に多いこと

⑤ 「仮説設定の有無」では，「はい・いいえ（yes/no）」「どのように＋動詞（how＋動詞）」「何（what）」において仮説設定を含む「問い」が有意に多いこと

⑥ 「変数制御の有無」では，「どのような＋名詞（how/what＋名詞）」と「どれくらいか（how 量）」において条件制御を含まない「問い」が有意に多いこと

　これまで述べてきたように，Y 社の 2019 年検定済小学校理科教科書には，児童自ら予想や仮説を設定したり，検証計画を立案したりするなど，見通しをもって問題解決に取り組むことができるように，「はい・いいえ（yes/no）」「どのように＋動詞（how＋動詞）」「どのような＋名詞（how/what＋名詞）」といった，3 つの「問い」の合計数が全体の約 72%を占めるという特徴があると推察される。また，行動目標である「呼びかけ」を掲載しないことで，より問題解決のストーリーや各過程同士の関連を重視していると考えられる。

　さらに，資料5-1〜資料5-4 の通り，Y 社の 2019 年検定済小学校理科教科書に掲載されているすべての「問い」を探究的な特徴に基づいて整理し，各「問い」において何に焦点化した問題解決が求められているのかを明らかにすることができた。そして，このような本章の知見は，前述の中山・猿田（2015）が指摘する「どのような問いが設定され，何に焦点化した問題解決が行われているのかを教科書レベルで明らかにする試みが必要」といった課題の解決に向けて示唆に富む。

注釈

1)　第 2 章（山田ら，2021a）では，長谷川ら（2013）が分析対象にした教科書会社 3 社のうち，Y 社を分析対象に同様の分析を行った結果，6 群に分類できることを明らかにしている（表2-19）。さらに，第 2 章（山田ら，2021a）では，長谷川（2012）に基づいて特徴的な技能を「定性的・定量的」「仮説設定の有無」「変数制御の有無」の 3 観点で整理し，長谷川ら（2013）との観察・実験等の数の比較を行っている。

参考文献

1) 山田貴之・田代直幸・栗原淳一・小林辰至・松本隆行・木原義季・山田健人（2021a）「『探究の技能』に基づく観察・実験等の類型化とその探究的特徴 ― 小学校理科教科書の分析を通して ―」『理科教育学研究』第62巻，第1号，339-354。

2) 山田貴之・田代直幸・栗原淳一・小林辰至・松本隆行・木原義季・山田健人（2021b）「プロセス・スキルズを精選・統合した『探究の技能』に基づく観察・実験等の類型化とその探究的特徴 ― 中学校理科教科書の分析を通して ―」『理科教育学研究』第62巻，第2号，497-511。

3) 山田健人・本田勇輝・木原義季・河本康介・山田貴之（2022）「中学校理科の観察・実験等における『問い』の分類とその特徴 ― Y社の2011年と2020年の検定済教科書を比較して ―」『理科教育学研究』第63巻，第1号，189-204。

引用文献

1) Chin, C., & Osborne, J. (2008). Students' questions: a potential resource for teaching and learning science. Studies in Science Education, 44 (1), 1-39.

2) 原俊雄（2003）「包括的理科の創造：自然科学的思考法の習得 ― 自然科学の言語としての数学 ―」『物理教育』第51巻，第4号，282-289。

3) 長谷川直紀（2012）「仮説・検証の過程を言語で表現する力を育成する理科指導法の研究 ― オームの法則について ―」『上越教育大学大学院学校教育研究科修士論文』1-121。

4) 長谷川直紀・吉田裕・関根幸子・田代直幸・五島政一・稲田結美・小林辰至（2013）「小・中学校の理科教科書に掲されている観察・実験等の類型化とその探究的特徴 ― プロセス・スキルズを精選・統合して開発した『探究の技能』に基づいて ―」『理科教育学研究』第54巻，第2号，225-247。

5) 文部省（1999）「小学校学習指導要領」50-60。

6) 文部科学省（2008）「中学校学習指導要領」57-73。

7) 文部科学省（2018a）「中学校学習指導要領（平成29年告示）」78-98。

8) 文部科学省（2018b）「小学校学習指導要領（平成29年告示）」95-111。

9) 中山迅・野村法雄・猿田祐嗣（2011）「中学校理科教科書の記述における『問い』の類型 ― 物理領域に注目して ―」『日本理科教育学会全国大会発表論文集』第62巻，346。

10) 中山迅・猿田祐嗣（2015）「小学校理科教科書における『問い』の現状と理科授業への示唆」『理科教育学研究』第56巻，第1号，47-58。

11) 中山迅・猿田祐嗣・森智裕・渡邉俊和（2014）「科学的探究の教育における望ましい『問い』のあり方 ― 日本の中学校理科教科書における『問い』の出現場所と種類 ―」『理科教育学研究』第55巻，第1号，47-57。

12) 柞磨昭孝（2020）「生徒も教師も楽しめる問いづくりの実践：学びが変わる問いのフレー

ムワーク」日本橋出版，8-46。

13) 猿田祐嗣・中山迅（2011）「思考と表現を一体化させる理科授業 ― 自らの言葉で問いを設定して結論を導く子どもを育てる ―」東洋館出版社，16-28。

14) 関根幸子・長谷川直紀・田代直幸・五島政一・稲田結美・小林辰至（2012）「中学校理科教科書に掲載された観察・実験等の問いの類型化とその探究的特徴」『日本科学教育学会研究会研究報告』第27巻，第6号，45-50。

15) 吉田裕（2012）「児童が自主的に問題解決できる能力を育む理科指導法の改善 ― 条件制御の能力を中心として ―」『上越教育大学大学院学校教育研究科修士論文』147-195。

16) 吉田裕・田代直幸・五島政一・稲田結美・小林辰至（2012）「小学校理科教科書に掲載された観察・実験等の問いの類型化とその探究的特徴」『日本科学教育学会研究会研究報告』第27巻，第6号，51-56。

付記

　本章は「理科教育学研究」第63巻，第2号（2022）に掲載された「小学校理科教科書に記載されている『問い』の分類とその探究的な特徴 ― Y社の2010年と2019年の検定済教科書の比較を通して ―」を書き直したものである。

資料5-1　第3学年の「問い」一覧

領域	「問い」	一次分類	二次分類	番号
エネルギー	音が出ているとき、ものはふるえているのでしょうか	はい・いいえ (yes/no)		1
	音の大きさが変わると、ふるえの大きさも変わるのでしょうか	はい・いいえ (yes/no)		2
	糸電話は、どのように音が伝わるのでしょうか	どのように (how) +動詞	手段	3
	かがみではね返った日光は、どのように進むのでしょうか	どのように (how) +動詞	変化・状態	4
	かがみであつめてはね返した日光を、日光当たったところの明るさやあたたかさはどうなるでしょうか	どのように (how) +動詞	変化・状態	5
	どのように日光を集めると、より明るくあたたかくなるでしょうか	どうしたら (would 手段)	変化・状態	6
	風の強さをかえると、風車の回る様子はどうなるでしょうか	風車の回る様子	変化・状態	7
	どのようにすれば、風車のものを持ち上げる力は大きくなるでしょうか	どうしたら (would 手段)	手段	8
	どうすれば、車をもっと速くまで走らせることができるでしょうか	どうしたら (would 手段)	手段	9
	どうすれば、車の走る速さをコントロールさせることができるでしょうか	どうしたら (would 手段)	手段	10
	かん電池のどこにどう線をつなぐと、豆電球に明かりがつくでしょうか	どこ (where)		11
	どのようなものが電気を通すでしょうか	どのような (how/what) +名詞	性質	12
	どのようなものがじしゃくに引きつけられるのは、じしゃくのどの部分でしょうか	どのような (how/what) +名詞	性質	13
	鉄を引きつける力が強いのは、じしゃくのどこでしょうか	どこ (where)		14
	じしゃくのきょくどうしを近づけると、どうなるでしょうか	どのように (how) +動詞	変化・状態	15
	じしゃくに引きつけられた鉄は、じしゃくになるのでしょうか	どのように (how) +動詞		16
	同じもののおもさは形をかえたり、細かく分けたりすると、重さは変わるのでしょうか	はい・いいえ (yes/no)		17
	同じかさにせよしたとき、しゅるいがちがうものの重さはちがうのでしょうか	はい・いいえ (yes/no)		18
生命	生き物をくらべると、どのようなちがいがあるのでしょうか	どのような (how/what) +名詞	法則	19
	ホウセンカやヒマワリはどのように育っていくのでしょうか	どのように (how) +動詞	変化・状態	20
	植物のからだはどれも、根、くき、葉の部分からできているのでしょうか	どれくらいか (how 量)		21
	チョウはどのように育っていくのでしょうか	はい・いいえ (yes/no)		22
	チョウはどのように育っていくのでしょうか	どのように (how) +動詞	変化・状態	23
	チョウはどのように育っていくのでしょうか	どのように (how) +動詞	変化・状態	24
	チョウはどのように育っていくのでしょうか	どのように (how) +動詞	変化・状態	25
	コオロギやトンボは、どのように育つのでしょうか	どのように (how) +動詞	変化・状態	26
	チョウはどのようなからだのつくりをしているのでしょうか	どのような (how/what) +名詞	性質	27
	ホウセンカやヒマワリはどのようなつくりをしているのでしょうか	どのような (how/what) +名詞	変化・状態	28
	植物は、どれくらい育っているのでしょうか	どれくらいか (how 量)		29
	生き物は、どのようなところで見られるのでしょうか	どこ (where)		30
	※「問い」が見当たらないのは・観察・実験等	その他	その他	31
地球	植物は、どのようになっているのでしょうか	どのように (how) +動詞	変化・状態	32
	ホウセンカやヒマワリはどのように育っていくのでしょうか	どのように (how) +動詞	変化・状態	33
	時間がたつこととかげが動く方向に見えるのでしょうか	どちらの (which)		34
	時間がたつこととかげが動くのは、なぜでしょうか	なぜ (why)		35
	地面は、日光によってあたためられているのでしょうか	はい・いいえ (yes/no)		36

注）表中の番号は、第3学年の初発の単元から第6学年の最終の単元まで順に割り当てたものである。

資料 5-2　第4学年の「問い」一覧

領域	[問い]	二次分類	一次分類	番号
エネルギー	かん電池の向きを変えると、モーターの回る向きが変わるのはなぜだろうか		なぜ (why)	37
	2このかん電池をどのようにつなげば、モーターが速く回るだろうか	手段	どのように (how) + 動詞	38
	2このかん電池の直列つなぎと、へい列つなぎまでで、モーターの回る速さにちがいがあるのはなぜだろうか		なぜ (why)	39
粒子	とじこめた空気をおすと、中の空気はどうなるのだろうか	変化・状態	どのように (how) + 動詞	40
	とじこめた水をおすと、中の水はどうなるのだろうか	変化・状態	どのように (how) + 動詞	41
	水を熱すると、温度やそのときの水の様子は、どのように変化するのだろうか	変化・状態	どのように (how) + 動詞	42
	〈問い〉が見当たらない　観察・実験等		その他	43
	水が冷えるとき、温度やそのときの水の様子は、どのように変化するのだろうか	変化・状態	どのように (how) + 動詞	44
	空気は、温めたり冷やしたりすると、体積は変化するのだろうか		はい・いいえ (yes/no)	45
	水は、温めたり冷やしたりすると、体積は変化するのだろうか		はい・いいえ (yes/no)	46
	金ぞくは、温めたり冷やしたりすると、体積は変化するのだろうか		はい・いいえ (yes/no)	47
	金ぞくは、温めたり冷やしたりすると、体積は変化するのだろうか		はい・いいえ (yes/no)	48
	金ぞくのぼうの一部を熱したとき、金ぞくはどのように温まっていくのだろうか	変化・状態	どのように (how) + 動詞	49
	水を熱すると、どのような温まり方をするのだろうか	変化・状態	どのような (how/what) + 名詞	50
	水は、どのような温まり方をするのだろうか	性質	どのような (how/what) + 名詞	51
	空気は、どのような温まり方をするのだろうか	性質	どのような (how/what) + 名詞	52
	空気は、どのような温まり方をするのだろうか	性質	どのような (how/what) + 名詞	53
	気温は何度くらいだろうか		どれくらい (how 量)	54
生命	植物はどのように育っているのだろうか	変化・状態	どのように (how) + 動詞	55
	あたたかくなるにつれて、こん虫などの動物の活動の様子は、どのように変わってきただろうか	変化・状態	どのように (how) + 動詞	56
	観察している動物は、どのくらい育っているだろうか		どれくらい (how 量)	57
	あたたかくなるにつれて、こん虫などの動物の活動の様子は、どのように変わってきただろうか	変化・状態	どのように (how) + 動詞	58
	すずしくなるにつれて、こん虫などの動物の活動の様子は、どのように変わってきただろうか	変化・状態	どのように (how) + 動詞	59
	観察している植物は、どのくらい育っているだろうか		どれくらい (how 量)	60
	寒くなるにつれて、こん虫などの動物の活動の様子は、どのように変わってきただろうか	変化・状態	どのように (how) + 動詞	61
	観察している植物は、どうなっていくのだろうか	変化・状態	どのように (how) + 動詞	62
	わたしたちのまわりの空気は、どのようになっていくのだろうか	変化・状態	どのように (how) + 動詞	63
	わたしたちの体は、どのように動いているのだろうか	性質	どのような (how/what) + 名詞	64
地球	晴れの日の1日の気温は、どのように変化するだろうか	変化・状態	どのように (how) + 動詞	65
	雨の日の1日の気温は、どのように変化するだろうか	変化・状態	どのように (how) + 動詞	66
	水のゆくえ方は、土のつぶの大きさによって変わるのか		はい・いいえ (yes/no)	67
	水は、高いところや低いところにどう流れていくのだろうか		はい・いいえ (yes/no)	68
	夜空に見える星には、色や明るさなどのちがいはあるのだろうか		はい・いいえ (yes/no)	69
	明け方見える星月は、時間がたつとそのいちや位置を変えているのだろうか		はい・いいえ (yes/no)	70
	星は時間がたつと、見える位置が変わるのだろうか		はい・いいえ (yes/no)	71
	午後、東の空に見える半月は、時間とともにどのような動き方をするのだろうか	性質	どのような (how/what) + 名詞	72
	地面やコンクリートなどにたまった水は、どこへいくのだろうか		どこ (where)	73
	どうすれば水にうえが見られるのだろうか		はい・いいえ (yes/no)	74
	冬の星も時間とともに見える位置が変わるのだろうか		どうしたら (would 手段)	75
	冬の星も時間とともに見える位置が変わるのだろうか		はい・いいえ (yes/no)	76

注）表中の番号は、第3学年の初発の単元から第6学年の最終の単元まで順に割り当てたものである。

資料5-3　第5学年の「問い」一覧

領域	問い	一次分類	二次分類	番号
エネルギー	同じふりこの場合、ふれはばが変わっても、ふりこが1往復する時間は、いつも同じだろうか	はい・いいえ (yes/no)		77
	ふりこが1往復する時間は、何によって変わるだろうか	何 (what)		78
	電磁石には、どのような性質があるのだろうか	どのように (how/what)＋動詞	性質	79
	電流の大きさを変えると、電磁石の強さはどうなるのだろうか	どのように (how)＋動詞	変化・状態	80
	コイルのまき数を変えると、電磁石の強さはどうなるのだろうか	どのように (how)＋動詞	変化・状態	81
粒子	ものを水にとかしたとき、できた水溶液の重さはどうなるのだろうか	どのように (how)＋動詞	変化・状態	82
	決まった体積の水にとける物の量には、限りがあるのだろうか	はい・いいえ (yes/no)		83
	水の体積や温度を変えると、食塩やミョウバンのとける量は増えるのだろうか	はい・いいえ (yes/no)		84
	どうしたらミョウバンや食塩の水溶液から、とけているものを取り出すことができるだろうか	どうしたら (would/no)	手段	85
生命	インゲンマメの種子の発芽には、水や適当な温度、空気が必要だろうか	はい・いいえ (yes/no)		86
	インゲンマメの種子の中には、根やくき、葉になる部分があるのだろうか	はい・いいえ (yes/no)		87
	インゲンマメの種子の中の子葉には、発芽に必要な養分がふくまれているのだろうか	はい・いいえ (yes/no)		88
	インゲンマメの成長には、肥料や日光が関係しているのだろうか	はい・いいえ (yes/no)		89
	メダカの受精卵はどのように変化し、育っていくのだろうか	どのように (how)＋動詞	変化・状態	90
	花は、どのような部分からできているのだろうか	どのように (how/what)＋名詞	性質	91
	どの部分が実になっていくのだろうか	どこ (where)		92
	めしべとおしべには、どのような特ちょうがあるのだろうか	どのように (how/what)＋名詞	性質	93
	めしべの先におしべの花粉がつくと、実ができるのだろうか	はい・いいえ (yes/no)		94
	人の受精卵は、母親の体内のどこで成長するのだろうか	どこ (where)		95
	そして、どのように育っていくのだろうか	どのように (how)＋動詞	変化・状態	96
	たい児は、母親の体内で育つための養分を、どのように得ているのだろうか	どのように (how)＋動詞	手段	97
地球	台風は、どのような特ちょうがあるのだろうか	どのように (how/what)＋名詞	性質	98
	台風が近づくと、天気はどのように変わるのだろうか	どのように (how)＋動詞	変化・状態	99
	台風による強風や大雨によって、どのような災害が起こることがあるのだろうか	どのように (how)＋動詞	その他	100
	雲は、どのような変化をするのだろうか	どのように (how/what)＋名詞	法則	101
	雲は、どのような動き方をするのだろうか	どのように (how/what)＋名詞	性質	102
	また、雲の動きと天気の変化には、どのような関係があるのだろうか	どのように (how/what)＋名詞	法則	103
	川や川岸、川原の石の様子には、土地のかたむきが大きい山の中や、土地のかたむきが小さい平地とでは、どのようなちがいがあるのだろうか	どのように (how/what)＋名詞	その他	104
	流れる水には、どのようなはたらきがあるのだろうか	どのように (how)＋動詞	性質	105
	流れる水には、どのようなはたらきがあるのだろうか	どのように (how/what)＋名詞	性質	106
	流れる水は、川原の石の様子をどのように変えるなどはたらきがあるのだろうか	どのように (how)＋動詞	変化・状態	107

注）表中の番号は、第3学年の初発の単元から第6学年の最終の単元まで順に割り当てたものである。

資料5-4 第6学年の「問い」一覧

領域	問い	一次分類	二次分類	番号
エネルギー	支点から力点までのきょりを変えると、手ごたえはどうなるのだろうか	どのように (how) +動詞	変化・状態	108
	支点から作用点までのきょりを変えると、手ごたえはどうなるのだろうか	どのように (how) +動詞	変化・状態	109
	てこが水平につり合うとき、どのようなきまりがあるのだろうか	どのような (how/what) +名詞	法則	110
	きんぞくを使って、小さな力でくぎをぬくには、どうすればよいだろうか	どうしたら (would 手段)		111
	手回し発電機は、どうすれば電流の大きさを変えることができるのだろうか	どうしたら (would 手段)		112
	光電池は、どうすれば電流の向きや大きさを変えることができるのだろうか	どうしたら (would 手段)		113
	コンデンサーにためた電気が、つなぐものによって使える時間がちがうのは、どうしてだろうか	なぜ (why)		114
	電熱線に電流を流すと、発熱するのだろうか	はい・いいえ (yes/no)		115
	電気製品は、電気をどのようなものに変えて利用しているのだろうか	どのような (how/what) +名詞	性質	116
粒子	集気びんの中で、ろうそくが燃え続けるには、何がひつようなのだろうか	どうしたら (would 手段)		117
	ろうそくが燃える前と燃えた後の空気では、何がちがうのだろうか	何 (what)		118
	ろうそくが燃える前と燃えた後の空気では、酸素と二酸化炭素の体積の割合はどうなっているのだろうか	どのように (how) +動詞	変化・状態	119
	空気中でものが燃えるときにはたらく気体は何だろうか	何 (what)		120
	4つの水溶液には、何がとけているのだろうか	何 (what)		121
	炭酸水から出てくるあわは、何だろうか	何 (what)		122
	4つの水溶液は、リトマス紙でいくつになかま分けができるのだろうか	どれくらい (how 量)		123
	塩酸は金属をとかすのだろうか	はい・いいえ (yes/no)		124
	塩酸にとけた金属は、とけた液の中でどうなっているのだろうか	どのように (how) +動詞	変化・状態	125
生命	はき出した空気と吸いこむ空気では、何がちがうのだろうか	何 (what)		126
	血液は、体の中のどこを通っているのだろうか	どこ (where)		127
	葉に日光が当たると、でんぷんができるのだろうか	はい・いいえ (yes/no)		128
	植物が根から取り入れた水は、くきや葉の中のどこを通るのだろうか	どこ (where)		129
	植物の根から吸い上げられた水は、葉から出ていくのだろうか	はい・いいえ (yes/no)		130
	池や川の中で、メダカは何を食べて生きているのだろうか	何 (what)		131
	食物による生物どうしの関係はどうなっているのだろうか	どのように (how) +動詞		132
	植物は酸素をつくり出しているのだろうか	はい・いいえ (yes/no)	変化・状態	133
地球	夕方見える月は、どのように変化して見えるのだろうか	どのように (how) +動詞		134
	また、太陽と月はどのような位置関係にあるのだろうか	どのような (how/what) +名詞	変化・状態	135
	月の形や表面の様子は、どのようなちがいがあるのだろうか	どのような (how/what) +名詞	法則	136
	月の形が日によって変わって見えるのは、どうしてだろうか	なぜ (why)	性質	137
	化石には、どのようなものがあるのだろうか	どのような (how/what) +名詞		138
	水のはたらきでできた地層は、どのようにしてできたのだろうか	どうしたら (would 手段)	性質	139
	火山のはたらきによって、大地はどのように変化するのだろうか	どのように (how) +動詞		140
	火山の噴火や地震によって、大地はどのように変化するのだろうか	どのように (how) +動詞	変化・状態	141

注）表中の番号は、第3学年の初発の単元から第6学年の最終の単元まで順に割り当てたものである。

実践編

第 6 章

批判的思考を促す理科授業が児童の実験計画立案力に与える効果
― 問題紙の作成を中心として ―

は じ め に

　近年，21世紀に求められる資質・能力として，OECD の DeSeCo プロジェクトが提示した「キー・コンピテンシー」や，アメリカの 21世紀型スキルなどが挙げられる。後者については，3つのコアスキル（「①学習とイノベーションスキル」「②情報・メディア・テクノロジースキル」「③生活とキャリアスキル」）で構成されており，特に「①学習とイノベーションスキル」には，下位概念の 1つとして「批判的思考と問題解決」が示されている（国立教育政策研究所，2013a）。一方，我が国においても，求められる資質・能力の枠組み試案として「21世紀型能力」が示されている。「21世紀型能力」は思考力を中核とし，それを支える基礎力と，使い方を方向付ける実践力の 3層から構成されており，中核を成す思考力の下位概念の 1つに批判的思考力が位置付けられている（国立教育政策研究所，2013b）。

　こうした背景を踏まえ，楠見（2015）は，「21世紀の社会というコンテクストのなかで重要視されているのは，思考の方法としての批判的思考や問題解決スキルである」としており，批判的思考は 21世紀に求められる重要な資質・能力の 1つであると言える。

　批判的思考とは，広範な思考を含む概念であり，研究者によってさまざまな定義があるが（例えば，Ennis, 1987；道田，2003；楠見，2010など），楠見（2011）は，それらの共通点に基づいて大きく 3つの観点から定義している

（「①論理的・合理的思考であり，規準（criteria）に従う思考」「②自分の推論プロセスを意識的に吟味する内省的（reflection）・熟慮的思考」「③より良い思考をおこなうために，目標や文脈に応じて実行される目標志向的思考」）。

特に「②自分の推論プロセスを意識的に吟味する内省的（reflection）・熟慮的思考」について楠見（2011）は，「自分の思考プロセスをモニターし，コントロールするメタ認知的プロセスが重要である。こうした定義は，『何を信じ，何を行動するかの決定に焦点を当てた，合理的で省察的な思考』（Ennis, 1987），『意図的で自己統制的な判断』（Facione, 1990），『自分や他者の思考や行動を支えている仮定を内省（省察；reflection）し，別の思考方法を熟考する』（Brookfield, 1987）にも見られる」と述べ，批判的思考とメタ認知の関連性を示唆している。

併せて，批判的思考の遂行は，認知的側面である能力やスキル，情意側面である態度や傾向性といった2つの側面が必要であるとされている（Ennis, 1987）。これら両側面の存在や影響について Toplak & Stanovich（2002）は，「批判的思考の認知的側面である能力は，アルゴリズムレベルにおける計算処理に影響しており，長年の訓練などによって変化する。

一方，批判的思考の情意側面である態度は，意図レベルにおける目標の設定などに影響しており，教示などによって変化させることができると考えられる」と述べている。Zohar, Weinberger & Tamir（1994）は，批判的思考のスキルを向上させる活動を生物学の授業で取り組み，科学的内容について批判的に考えるためには，科学の方法を知り，規準や規則を順守する必要があることを述べている。

さらに，理科における小学生の批判的思考に関する実態を調査した木下・山中・中山（2013）は，「仮説や実験計画を立てたり，実験の結果を考察したりする際，児童が自分や他者の考えを反省的に振り返り吟味できるようにするためには，今まで以上に実験に探究的に取り組ませることや，物事を合理的に思考させることが有効な手立てになり得ると考えられる」と述べている。これらの先行研究から，児童生徒が実験計画を立案し，探究的に実験に取り組むには，批判的思考を促す手立てが必要であると言える。

　これまでに，実験計画の立案場面における批判的思考についての研究は，いくつか報告されている。例えば，「因果関係マップ」を用いて批判的思考を促進させ，実験計画を立案させる指導法（山中・木下，2012），批判的思考を促す「フローチャート型実験計画表」を用いて実験計画の妥当性を検討させる指導法（後藤・五関，2020），「①情報の明確化 → ②情報の分析 → ③推論 → ④行動決定」といった4つの批判的思考のプロセスを実験計画立案場面に組み込む指導法（村田・栗原，2020），実験計画力を高めるために批判的思考を促す実験計画シートと合言葉を用いた授業モデルの考案（岸田・小倉，2018）などが挙げられる。しかし，過去30年間の理科教育に関する国内の学術論文（例えば，「理科教育学研究」「科学教育研究」）を管見した限り，実験計画立案場面における批判的思考の促進に関する報告は，上記を除いてほとんど見当たらず，その蓄積はいまだ十分とは言えないのが現状である。

第1節　目的と本章における批判的思考の定義

　本章では，まず，児童の実験計画立案力を評価する問題紙を作成することを第一の目的とした。次に，岸田・小倉（2018）の批判的思考を促す「科学的な実験のための合言葉」を用いて実験計画を立案させる理科授業が，児童の実験計画立案力にどのような影響を与えるのかを検証することを第二の目的とした。

　なお，楠見（2011）の定義は，岸田・小倉（2018）の批判的思考を促す「科学的な実験のための合言葉」を用いて本当に妥当な実験計画かを判断し，改善するといった，本章の目的と合致している。そのため，本章における批判的思考を，前出の楠見（2011）の定義に基づき，「自分の推論プロセスを意識的に吟味する内省的（reflection）・熟慮的思考」と規定した。

第2節　研究の方法

2−1　実験計画立案力を評価する問題紙の作成

　岸田・小倉（2018）は，実験計画立案力を評価する問題紙を2種類（電気，植物）作成し，前者を事前調査に，後者を事後調査に用いている。実験計画立案力は他の単元でも必要な力であり，単元が変わっても応用できることが大変重要である。そこで本章においても，2種類の実験結果を明示し，それを活用した実験計画立案力を評価する問題紙を2種類作成することとした。具体的には，「新しい科学1」（東京書籍，2018）を参考に，第6学年「燃焼の仕組み」から，「気体を集めた集気びんにろうそくを入れる実験」「石灰水に気体を入れる実験」の結果を明示し，未知の気体を同定する実験計画を立案する問題を作成した（資料6-1）。また，第6学年「水溶液の性質」から，「においを調べる実験」や「水溶液を蒸発させる実験」の結果を明示し，未知の水溶液を同定する実験計画を立案する問題を作成した（資料6-2）。各問題紙の妥当性については，理科教育学研究者1名，理科を専門とする大学院生4名および学部生2名で検討した。

2−2　実験計画確認シートの作成

　岸田・小倉（2018）が，科学的な実験に重要な事項の頭文字をとって合言葉「さかなあじでひもの」を作成している。この合言葉は，「『予想を立て，科学的な知識と理解を用いて様々な考えを調査できる形式に変換し，適切な方略を計画するとともに，収集しようとするデータの範囲と程度，技法，装置および用いる材料を決定する能力』と『科学的』の3要件である『実証性』『再現性』『客観性』を考慮して，児童が実験方法を考える視点として独自に作成したものである」としている。

　作成された合言葉「さかなあじでひもの」の「さ」は「さいげんできますか？」の「再現性」，「か」は「かいすうは何回行えば信頼できる結果がえられますか？」の「客観性」，「な」は「なっとくさせることができますか？（数

値・現象）」の「実証性」,「あ」は「あんぜんですか？」の「適切な方略」,
「じ」は「じかんはどれくらいかかりそうですか？」の「適切な方略」,「で」
は「でーた（結果）をどのように整理して表現したらわかりやすくなります
か？」の「技法」,「ひ」は「ひとは何人必要で，だれがなにをどんな順番でし
ますか？」の「適切な方略」と「材料」,「もの」は「ものは何がどのくらい必
要ですか？」の「装置および用いる材料」に関連している。そこで，岸田・小
倉（2018）の「実験計画シート（裏面）」を参考に，批判的思考を促す「科学
的な実験のための合言葉」に基づく，実験計画を確認するためのワークシート
（以下，実験計画確認シートと表記）を作成した。

2−3　実験計画ワークシートの作成

　実験計画を立案するためには，児童自身の予想や仮説，そしてそれらを検
証するための方法が必要である。そのため，児童自身の予想や仮説を基に実験
計画を立案するためのワークシート（以下，実験計画ワークシートと表記）を
作成した（図 6-1[1]，図 6−2）。具体的には，図 6-1 に示したように，「課題」
「予想や仮説」「確かめる方法」を書く欄を設定した。その際，児童が「課題」
「予想や仮説」「確かめる方法」を書く時のヒントとなる例文を，既習事項の単
元の一場面を取り上げて記載した。また，「予想や仮説」と「確かめる方法」
を基に，「実験計画」と「実験結果の予想」を書く欄を設定した。ここでの指
導法の詳細については「2−5」で後述するが，まず，実験計画ワークシート（図
6-1）を用いて，児童個々に実験計画を立案させた後,「科学的な実験のための
合言葉」に基づいて自己評価させた。

　次に，実験計画確認シートを用いて，お互いの計画について班で議論さ
せ，自身が気づかなかった実験の観点や指摘された計画の不備などを，再度，
実験計画ワークシート（図 6-1）に加筆させた。これにより，他者からの指摘
を踏まえて自身の実験計画を反省的に再考し，合理的に訂正するといった批判
的思考を促すことができると考えた。さらに，図 6-2 に示したように，「実験
結果の記録」と「まとめ」を書く欄を設定した。その際，B4 用紙の表面に図
6-1 を，裏面に図 6-2 を 180 度回転させてそれぞれ印刷し，表面を内側に折り

○○学年　サイエンスシート　　　組　　番　　名前

【課題】

【予想や仮説】　☆自分の考えを書こう。

【確かめる方法】　☆「〜を変える。」「〜を使う。」「〜を変えて，〜する。」「〜を使って，〜する。」のような書き方で確かめる方法を書こう。

☆記入例☆

【課題】食塩が水にとける量を増やすは，どうすればいいだろう。

【予想や仮説】水の温度を上げれば，食塩が水にとける量が増える。

【確かめる方法】実験用コンロを使って，水の温度を上げて食塩をとかす。水の温度は温度計で確認する。

【実験計画】　○【予想や仮説】と【確かめる方法】をもとに，実験の計画を立てよう。
どんな実験をするのか，絵や図，文章でかこう（実際に実験を始めて直したところは，赤ペンでかきましょう）。

【実験結果の予想】
実験をするとどんな結果になると思う？　結果を予想して書こう。

図6-1　実験計画ワークシート（表面）

【実験結果の記録】　☆実験結果を記録しよう。

【まとめ】

実験の結果は，

だから，「予想や仮説」と（同じ　　ちがう　）結果になった。ということは，

図 6-2　実験計画ワークシート（裏面）

曲げることで、「実験計画」や「実験結果の予想」と照らし合わせながら「実験結果の記録」と「まとめ」を記述できるようにした。

2－4　研究対象と時期

　新潟県内公立小学校第 6 学年 2 学級 63 名（実験群 31 名，統制群 32 名）を対象とし，理科単元「水溶液の性質」において 2020 年 11 ～ 12 月にかけて授業実践，問題紙および質問紙調査を実施した。具体的には，表 6-1 に示した学習活動において，第 1 次の単元開始直前に問題紙（資料 6-1）と質問紙（表 6-2）を用いた事前調査を，第 4 次の単元終了直後に問題紙（資料 6-2）と質問紙（表 6-2）を用いた事後調査をそれぞれ実施した。なお，実験計画確認シートと実験計画ワークシート（図 6-1，図 6-2）を用いて実験計画を立案した 1 学級 31 名を実験群とし，いずれのワークシートも用いず実験計画を立案した 1 学級 32 名を統制群とした。

2－5　本単元「水溶液の性質」の学習活動

　「みんなと学ぶ　小学校理科 6 年」（学校図書，2019）および「みんなと学ぶ　小学校理科 6 年　教師用指導書解説編」（学校図書，2020）を参考に，本単元を全 12 時間で構成した（表 6-1）。第 1 ～ 2 時では，4 種類の水溶液には，それぞれ何が溶けているかを調べさせた。第 3 ～ 4 時では，炭酸水に溶けている気体の正体について調べさせた。第 5 ～ 6 時では，リトマス紙を用いて水溶液を仲間分けする実験を行わせた[2]。リトマス紙は児童にとって初見の内容であるため，第 5 時の導入に 3 つの液体（酢，重曹水，水）を用いて，その性質や使用方法を説明した。実験群には，髙見・木下（2017）や岸田・小倉（2018）の批判的思考を促すための指導法を参考に，以下の①～④の指導を行うこととした。

　①　実験計画確認シートを配付し，批判的思考を促す「科学的な実験のための合言葉」について説明する。

　②　実験計画ワークシート（図 6-1）を用いて，児童個々に実験計画を立案させる。

③ 立案した実験計画を「科学的な実験のための合言葉」に基づいて自己評
　価させ，実験の観点に不足はないか，計画に不備はないか，合理的な実
　験方法であるかといったことについて批判的に吟味させる。

④ 実験計画確認シートを用いて，お互いの計画について班で議論させ，
　自身が気づかなかった実験の観点や指摘された計画の不備などを，再
　度，実験計画ワークシート（図6-1）に加筆させ，他者からの指摘を踏ま
　えて自身の実験計画を反省的に再考し，合理的に訂正させる。

　第7時では，ムラサキキャベツを使い，水溶液の「酸性，中性，アルカリ
性」を確かめる実験を行わせた。第8時では，塩酸には金属を溶かす働きがあ

表6-1　学習活動

時	実験群	統制群
	事前調査（問題紙：資料6-1，質問紙：表6-2）の実施	
1～2	4種類の水溶液（食塩水，炭酸水，塩酸，アンモニア水）には，それぞれ何が溶けているのだろうか	
3～4	炭酸水から出てくる泡は何だろうか	
5～6	リトマス紙を使うと，水溶液はどのように仲間分けできるのだろうか	
	○ワークシートを用いて実験計画を立案	○ワークシートを用いず実験計画を立案
7	ムラサキキャベツを使って，水溶液の「酸性，中性，アルカリ性」を確かめよう。	
8	塩酸は金属を溶かすのだろうか	
9～10	塩酸にとけた金属がどうなっているかを調べるには，どうすればいいのだろうか	
	○ワークシートを用いて実験計画を立案	○ワークシートを用いず実験計画を立案
11～12	5種類の水溶液（食塩水，塩酸，アンモニア水，炭酸水，水）が何かを調べるには，どうすればいいのだろうか	
	○ワークシートを用いて実験計画を立案	○ワークシートを用いず実験計画を立案
	事後調査（問題紙：資料6-2，質問紙：表6-2）の実施	

注）第5，9，11時：実験計画の立案，第6，10，12時：実験の実施

表 6-2 「実験観尺度」の質問項目（草場，2011 を一部改変）

1. 新しいことに気づくので，実験はおもしろい
2. 「どうしてこの方法で実験するのかな」とは，あまり考えずに実験をすることが多い（R）
3. 実験が成功しているグループの実験方法や計画を見て，それを使って自分たちの実験をより良くしようとしている
4. 思いがけない発見があるから，実験はおもしろい
5. 自分の予想や仮説を確かめるための実験方法になっているか，よく考える
6. 「どうしてこの方法で実験をするのか」がわからなくても，あまり気にせずに実験をしている（R）
7. 「実験がうまくいっているかな」と，よく確認しながら実験をしている
8. 実験をしても，新しい発見はあまりない（R）
9. 「実験結果はどうなるかな」と，考えながら実験方法を計画している
10. 「どうしてこの方法で実験をするのか」がわからなくても，あまり気にならない（R）
11. 実験結果は，図や表を使ってまとめようとしている
12. 実験に失敗したとき，実験方法を見直している
13. 実験をしていると，新しいことに気づくことがある
14. 「どうしてこの方法で実験をするのか」がわからなくても，実験が成功していればいいと思う（R）
15. ある実験方法で成功した後でも，「もっと良い実験方法はないかな」と探してみることがある
16. なぜそうなるのかはあまり考えず，実験をしてしまうことが多い（R）
17. 図や表を使ってまとめながら，実験をしている
18. 実験で思ったような結果が出ないときは，「なぜだろう」と考えてその原因を探そうとする
19. 授業よりも，実験のほうがたくさんの発見がある
20. 「どうしてこの方法で実験をするのか」を考えるよりも，実験が成功していたかどうかが気になる（R）

注）（R）は反転項目を示す。

ることを調べさせた。第９時～10時では，第８時の実験結果から「塩酸に溶けた金属はどうなっているのか」という疑問を学習課題とし，それを確かめる実験を行わせた。批判的思考を促す指導法として，上記の②～④を用いることとした。第11～12時では，第７時を除き，これまでに学んだ３つの方法（におい，水の蒸発，リトマス紙）を用いて，未知の５種類の水溶液を同定する実験を行わせた[3]。批判的思考を促す指導法として，上記の②～④を用いることとした。

2-6　分析方法
2-6-1　問題紙を評価するための評価基準の設定

　「2-2」で述べた岸田・小倉（2018）を参考に，問題紙を評価するための評価基準を作成した（表6-3）。以下，評価基準の詳細を述べる。

　評価基準①は，問題紙に記載した課題に対して必ず必要になる器具や薬品等を３つ選定し，３つとも書かれていれば２点，３つのうち１つ以上書かれていれば１点，１つも書かれていなければ０点とした。これは，合言葉「さかなあじでひもの」（岸田・小倉，2018）の「もの」（ものは何がどのくらい必要ですか？）に該当する。

　評価基準②は，用意するものを準備する時間と実験にかかる時間の両方，またはどちらかが書かれていれば１点とした。これは，合言葉「さかなあじでひもの」（岸田・小倉，2018）の「じ」（じかんはどれくらいかかりそうですか？）に該当する。

　評価基準③は，実験手順が書かれていれば１点とした。これは，合言葉「さかなあじでひもの」（岸田・小倉，2018）の「さ」（さいげんできますか？）と「あ」（あんぜんですか？）に該当する。

　評価基準④は，問題紙の課題に対して２つの実験計画を立案する必要があるため，２つの実験それぞれの予想される結果が書かれていれば２点，１つの実験の予想される結果が書かれていれば１点，実験から予想される結果が書かれていなければ０点とした。これは，合言葉「さかなあじでひもの」（岸田・小倉，2018）の「な」（なっとくさせることができますか？（数値・現象））に

該当する。

　評価基準⑤は，問題紙に記載されている実験結果を生かして２つの実験を計画していれば２点，問題紙に記載されている実験結果を生かして１つの実験を計画していれば２点，問題紙に記載されている実験結果を生かした実験計画になっていなければ０点とした。これは，合言葉「さかなあじでひもの」（岸田・小倉，2018）の「な」（なっとくさせることができますか？（数値・現象））に該当する。

　評価基準⑥は，表や枠など結果を書く場所が用意されていれば１点とした。これは，合言葉「さかなあじでひもの」（岸田・小倉，2018）の「で」（でーた（結果）をどのように整理して表現したらわかりやすくなりますか？）に該当する。

　なお，「か」（かいすうは何回行えば信頼できる結果がえられますか？）については，問題紙の形式上，複数回検証を必要とする実験計画にはなり得ないため，評価しないこととした。併せて，「ひ」（ひとは何人必要で，だれがなにをどんな順番でしますか？）についても，問題紙の形式上，人に関する記述を求めていないため，評価しないこととした。

2−6−2　実験計画ワークシート

　本章では，児童の実験計画立案力を育成するために，岸田・小倉（2018）の批判的思考を促す「科学的な実験のための合言葉」の指導を行った。具体的

表6-3　問題紙の評価基準（9点満点）

①用意するものが書いてある	0〜2点
②実験準備や実験にかかる時間が書いてある	0〜1点
③実験手順が書いてある	0〜1点
④実験から予想される結果が書いてある	0〜2点
⑤これまでの実験結果を生かして計画している	0〜2点
⑥結果をまとめる表が書いてある	0〜1点

注）すべての観点において不正解は0点とした

には，実験計画ワークシート（図6-1）を用いて，児童個々が「科学的な実験のための合言葉」に基づく実験計画を立案した後，実験計画確認シートを用いて，お互いの計画について班で議論し，他者からの指摘を踏まえて自身の実験計画を反省的に再考し，実験計画ワークシート（図6-1）の記述内容を合理的に訂正するといった批判的思考を促すことができるようにした。これらの指導が有効に機能し，児童が実験計画立案力を獲得できたか否かについて検討するために，実験群で用いた実験計画ワークシートにおける記述内容について分析を加えた。

　なお，分析対象とした実験計画ワークシートは，表6-1に示した学習活動の第5～6時と第11～12時で用いたものである。さらに，児童が記述した実験計画ワークシートを分析するに当たり，岸田・小倉（2018）が作成した「詳細な実験計画の評価基準」を用いて，9点満点で得点化した。具体的には，理科教育学研究者1名，小学校理科教員として15年以上の経験をもつ大学院生1名（授業者）が，単独で採点し得点化した後，2名で協議を重ね，不一致点をすべて解消した[4]。

2−6−3　「実験観尺度」を用いた質問紙

　草場（2011）は，学習した科学的知識を活用する観察・実験活動が，高校生のメタ認知活動を促進し，実験観を変容させることを実践的に検討するとともに，「メタ認知的方略志向」「仮説検証方略志向」「意味理解方略志向」「可視化方略志向」「新しい発見や気づき」「実験プロセスの重視」といった6つの因子からなる「実験観尺度」を開発している。

　メタ認知と批判的思考の関連について田中・楠見（2007）は，「モニタリング機能とメタ認知的知識は，すべてのプロセスに影響を及ぼす。批判的思考の使用判断や表出判断が目標や文脈に照らして適切に行われているのか，批判的思考スキルは課題の解決に有効であるかといった観点から，批判的思考のプロセス全体を通して利用される」と述べている。

　本章において，岸田・小倉（2018）の合言葉が，実験計画の妥当性を評価するためのメタ認知的知識と捉えることができる。そして，この合言葉に基づ

く実験を計画できているのか児童同士で確認させることにより（モニタリング機能），児童の批判的思考を促すことができると考えられる。先述した田中・楠見（2007）の知見を踏まえると，メタ認知は批判的思考にとって欠かせない機能であることから，メタ認知だけでなく批判的思考を促すことを目的とした本章において，草場（2011）の「実験観尺度」を適用することは時宜を得るものと判断した。

　そこで本章では，草場（2011）が高校生を対象に開発した「実験観尺度」を児童向けに文章表現を改めた上で用いることとした（表6-2）。なお，質問紙調査を実施する際，「理科の実験についてのアンケートです。質問をよく読んで，あなたに1番よくあてはまるものを1つ選び，番号に○をつけてください」と教示し，「5. 当てはまる」「4. 少し当てはまる」「3. どちらでもない」「2. あまり当てはならない」「1. 当てはまらない」の5件法で回答を求めた。そして，この調査を両群ともに単元の前後に実施した。

第3節　批判的思考を促す理科授業の効果

3−1　実験計画立案力を評価する問題紙

　岸田・小倉（2018）の批判的思考を促す「科学的な実験のための合言葉」を用いて実験計画を立案させる理科授業が，児童の実験計画立案力にどのような影響を与えたのかを検証するため，作成した2種類の問題紙（資料6-1：事前調査，資料6-2：事後調査）について，表6-3に示した「問題紙の評価基準」に基づき得点化した。その具体的な手続きについて，事前調査（資料6-1）における児童A（実験群）の記述内容（図6-3）を例に挙げて説明する。

・この実験を行う際に必要な実験器具が記述されていないため，評価基準①「用意するものが書いてある」を0点とした。

・この実験を行う際にどれくらい時間が必要かについての記述がないため，評価基準②「実験準備や実験にかかる時間が書いてある」を0点とした。

・2つの実験の手順についての記述があるため，評価基準③「実験手順が書いてある」を1点とした。

・結果の予想として，「窒素…火がすぐ消え，何も変わらなかった気体。酸素…火が激しくなった気体。二酸化炭素…火がすぐ消え，石灰水が白くにごった気体」と記述している。問題紙に記載された２つの実験から予想される結果が記述されているため，評価基準④「実験から予想される結果が書いてある」を２点とした。

・問題紙に記載された２つの実験を用いた実験計画を記述しているため，評価基準⑤「これまでの実験結果を生かして計画している」を２点とした。

・結果をまとめる表についての記述がないため，評価基準⑥「結果をまとめる表が書いてある」を０点とした。

　以上の手続きにより，児童 A（実験群）の事前調査の得点は５点とした。さらに，実験群 31 名と統制群 32 名が記述した２種類の問題紙（資料 6-1：事前調査，資料 6-2：事後調査）について同様の手続きを行った。その結果を表 6-4 に示す。事前の実験群は平均得点 4.32（標準偏差 1.68），統制群は 4.13（1.54），事後の実験群は 4.87（1.89），統制群は 3.81（1.89）であった。t 検定（両側検定）を行ったところ，事前では両群に有意な差は見られなかったが（$t(61) = 0.49$, *n.s.*），事後では実験群の方が統制群よりも有意に高いことが示された（$t(61) = 2.22$, $p < .05$）。

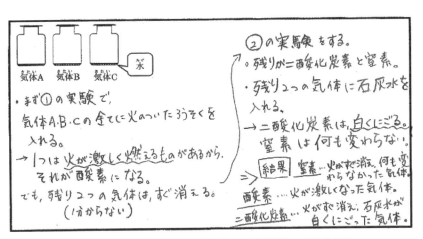

図 6-3　事前調査における児童 A（実験群）の記述内容

表6-4　両群の問題紙の平均得点

		平均得点	標準偏差	t 値 ($df=61$)
事前	実験群	4.32	1.68	0.49
	統制群	4.13	1.54	
事後	実験群	4.87	1.89	2.22*
	統制群	3.81	1.89	

注）9点満点，*p<.05

3-2　実験計画ワークシート

3-2-1　実験計画ワークシート全体の平均得点

　表6-5に示したように，第5～6時で用いた実験計画ワークシートの平均得点は5.39（標準偏差1.84），第11～12時のそれは6.42（1.09）であった。t検定（両側検定）を行ったところ，後者の方が有意に高いことが示された（t(30)=3.23，p<.01）。

3-2-2　実験計画ワークシートの各項目の平均得点

　岸田・小倉（2018）が作成した「詳細な実験計画の評価基準」に基づく各項目の平均得点を表6-6に示す。

　項目②「なにかを書いている」について，第5～6時は平均得点0.97（標準偏差0.18），第11～12時は1.00（0.00）であった（t(30)=1.00，*n.s.*）。

　項目③「実験に再現性がある（再度実験を行うことが可能であり，文や絵で書いてある通り実験を行うと，実験を行う者によって大きな差がなく同じ実験になる）」について，前者は0.97（0.18），後者は0.84（0.37）であった（t(30)=1.68，*n.s.*）。

　項目④「科学的に信頼できるデータを得るため，適切な回数実験を行うことが記述されている（採点者が事前に設定した回数以上行うことが書いてある）」について，前者は0.29（0.46），後者は1.00（0.00）であった（t(30)=8.56，p<.01）。

　項目⑤「実験の結果起こる現象が明確，または，数値をもって結果が示さ

れ，仮説の正当性が示されている」について，前者は 0.97（0.18），後者は 0.97（0.18）であった（*t*(30)＝0.00, *n.s.*）。

　項目⑥「記述してある文や絵のとおり実験を行っても，実験者または周囲に危険が生じない」について，前者は 0.48（0.51），後者は 0.13（0.34）であった（*t*(30)＝4.06, *p*＜.01）。

　項目⑦「実験の手順の各段階において，おおよその時間のみつもりがなされ，記述がある」について，前者は 0.36（0.49），後者は 0.42（0.50）であった（*t*(30)＝0.57, *n.s.*）。

　項目⑧「実験の結果をわかりやすくするために，得られるデータをどのように整理，表現するかの記述がある」について，前者は 0.87（0.34），後者は 0.94（0.25）であった（*t*(30)＝0.81, n.s.）。

表 6-5　実験計画ワークシート全体の平均得点

	平均得点	標準偏差	*t* 値（*df*＝30）
5 〜 6 時	5.39	1.84	3.23 **
11 〜 12 時	6.42	1.09	

注）9 点満点，**p＜.01

表 6-6　実験計画ワークシートの各項目の平均得点

	5 〜 6 時	11 〜 12 時	*t* 値（*df*＝30）
項目②	0.97　(0.18)	1.00　(0.00)	1.00
項目③	0.97　(0.18)	0.84　(0.37)	1.68
項目④	0.29　(0.46)	1.00　(0.00)	8.56 **
項目⑤	0.97　(0.18)	0.97　(0.18)	0.00
項目⑥	0.48　(0.51)	0.13　(0.34)	4.06 **
項目⑦	0.36　(0.49)	0.42　(0.50)	0.57
項目⑧	0.87　(0.34)	0.94　(0.25)	0.81
項目⑨	0.19　(0.40)	0.39　(0.50)	2.26 *
項目⑩	0.32　(0.48)	0.68　(0.48)	4.06 **

注）各項目 1 点，（　）内の数値は標準偏差，**p＜.01，*p＜.05

項目⑨「実験の手順の各段階において，誰がどのような作業をするかの記述がある」について，前者は 0.19（0.40），後者は 0.39（0.50）であった（$t(30)$ ＝2.26，$p<.05$）。

項目⑩「実験に必要な器具とその数が明確に記述されている」について，前者は 0.32（0.48），後者は 0.68（0.48）であった（$t(30)=4.06$，$p<.01$）。

以上のことから，項目④，⑨，⑩については後者の方が有意に高く，項目⑥については有意に低いことが明らかとなった。また，それ以外の項目については，有意な差は見られなかった。

3－3 「実験観尺度」を用いた質問紙（下位尺度の平均値）

表 6-7 に示したように，「メタ認知的方略志向」（項目 3，7，12，18）について，実験群の単元前は平均 4.15（標準偏差 0.57），単元後は 4.37（0.43），統制群の単元前は 4.27（0.56），単元後は 4.34（0.56）であった。各群の時期における平均値を検討したところ，実験群では単元前後にかけて有意な上昇が見られた。

「仮説検証方略志向」（項目 5，9，15）について，実験群の単元前は 3.49（標準偏差 0.80），単元後は 4.01（0.57），統制群の単元前は 3.66（0.61），単元後は 4.00（0.63）であった。各群の時期における平均値を検討したところ，両群ともに単元前後にかけて有意な上昇が見られた。

「意味理解方略志向」（項目 2，6，10，16）について，実験群の単元前は 3.40（標準偏差 1.10），単元後は 3.80（1.22），統制群の単元前は 3.17（0.92），単元後は 3.13（1.01）であった。各群の時期における平均値を検討したところ，実験群では単元前後にかけて有意な上昇が見られた。

「可視化方略志向」（項目 11，17）について，実験群の単元前は 3.79（標準偏差 0.87），単元後は 4.76（0.41），統制群の単元前は 3.45（1.21），単元後は 3.56（1.14）であった。各群の時期における平均値を検討したところ，実験群では単元前後にかけて有意な上昇が見られた。

「新しい発見や気づき」（項目 1，4，8，13，19）について，実験群の単元前は 4.39（標準偏差 0.54），単元後は 4.66（0.35），統制群の単元前は 4.48

表 6-7　両群の「実験観尺度」における下位尺度の平均値

下位尺度	単元	実験群		統制群	
		平均値 (標準偏差)	t 値 ($df = 30$)	平均値 (標準偏差)	t 値 ($df = 31$)
メタ認知的方略志向 （項目 3，7，12，18）	前	4.15 (0.57)	2.86**	4.27 (0.56)	0.77
	後	4.37 (0.43)		4.34 (0.56)	
仮説検証方略志向 （項目 5，9，15）	前	3.49 (0.80)	4.17**	3.66 (0.61)	2.88**
	後	4.01 (0.57)		4.00 (0.63)	
意味理解方略志向 （項目 2，6，10，16）	前	3.40 (1.10)	3.09**	3.17 (0.92)	0.23
	後	3.80 (1.22)		3.13 (1.01)	
可視化方略志向 （項目 11，17）	前	3.79 (0.87)	6.09**	3.45 (1.21)	0.67
	後	4.76 (0.41)		3.56 (1.14)	
新しい発見や気づき （項目 1，4，8，13，19）	前	4.39 (0.54)	3.05**	4.48 (0.71)	2.17*
	後	4.66 (0.35)		4.64 (0.48)	
実験プロセスの重視 （項目 14，20）	前	3.00 (1.02)	3.05**	2.69 (1.01)	2.57*
	後	3.42 (1.17)		3.09 (1.28)	

注）** $p < .01$, * $p < .05$

(0.71)，単元後は 4.64（0.48）であった。各群の時期における平均値を検討したところ，両群ともに単元前後にかけて有意な上昇が見られた。

「実験プロセスの重視」（項目 14，20）について，実験群の単元前は 3.00（標準偏差 1.02），単元後は 3.42（1.17），統制群の単元前は 2.69（1.01），単元後は 3.09（1.28）であった。各群の時期における平均値を検討したところ，両群ともに単元前後にかけて有意な上昇が見られた。

第4節　総合考察

4−1　実験計画立案力を評価する問題紙

「3−1」で述べたように，実験計画立案力を評価する問題紙において，事前では両群の平均得点に有意な差は見られなかったが，事後では実験群の方が統制群よりも有意に高いことが示された（表6-4）。このことから，作成した実験計画確認シートと実験計画ワークシートを用いることが，児童の実験計画立案力の育成に効果があることが明らかとなった。また，事前調査における両群の平均得点に有意な差は見られないこと，後述する実験計画ワークシートの分析結果を踏まえると，作成した問題紙の妥当性が示唆された。

4−2　実験計画ワークシート
4−2−1　実験計画ワークシート全体の平均得点

児童が記述した実験計画ワークシートにおいて，表6-5に示したように，第11〜12時の平均得点（6.42点）が第5〜6時のそれ（5.39点）よりも有意に高いことが示された。実験計画ワークシートと実験計画確認シートを用いた授業は第5時が初めてであり，第11時は3回目となる。これは，実験計画ワークシートと実験計画確認シートを用いて実験計画を立案する活動を重ねることで，児童が批判的思考を働かせて科学的な実験計画になっているかを検討する力の育成に効果があることを示唆している。

しかし，岸田・小倉（2018）の批判的思考を促す「科学的な実験のための合言葉」を用いて実験計画を立案させる理科授業が，児童の実験計画立案力に

効果があることは明らかとなったものの，実験群の児童が当該授業において，科学的に妥当な結論を導出することはできているのだろうか。小学校学習指導要領（平成29年告示）解説理科編（文部科学省，2018）では，「観察，実験などを行い，問題解決の力を養うこと」について「児童が自然の事物・現象に親しむ中で興味・関心をもち，そこから問題を見いだし，予想や仮説を基に観察，実験などを行い，結果を整理し，その結果を基に結論を導きだすといった問題解決の過程の中で，問題解決の力が育成される」ことが明記されており，科学的に妥当な結論を児童に導出させることは重要であると考える。

　そこで，両群の児童が記述した実験計画ワークシート（図6-2）の【まとめ】の記述内容を分析した。例として，第11～12時における児童Bの実験計画ワークシートの【まとめ】を図6-4に示す。児童Bは「実験の結果は，Aが水，Bが食塩水，Cが塩酸，Dがアンモニア水，Eが炭酸水となった。だから，『予想や仮説』とちがう結果になった。ということは，見ためやリトマス紙，蒸発をすると確かめることができる」[5]と記述していることから，自らの予想や仮説に対し，批判的思考を働かせて反省的に振り返って考え，科学的な根拠に基づいた合理的な説明をしていると推察される。

　このような記述ができた児童数を算出したところ，実験群13名，統制群0名であり，有意な差が見られた（正確二項検定，$p<.01$）。統制群では「5つ

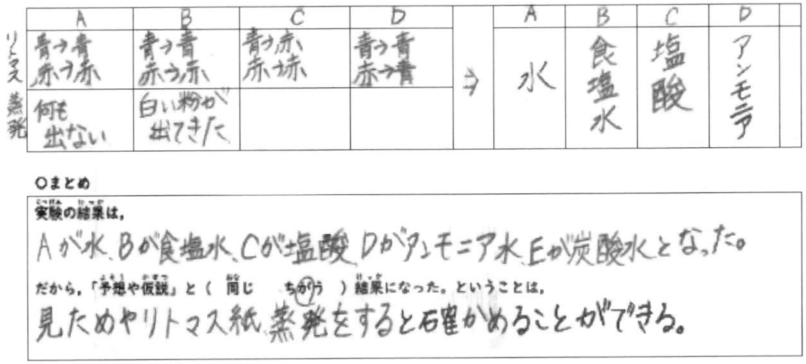

図6-4　第11～12時の実験計画ワークシートの【まとめ】における児童Bの記述内容

の水溶液は，Aが水，Bが食塩水，Cが塩酸，Dがアンモニア水，Eが炭酸水
だとわかった」といった実験の結果に関する記述が見られたものの，それらの
結果に基づく結論については認められなかった。なお，このような結果のみを
記述した児童数は実験群 18 名，統制群 32 名（うち無記入 4 名）であった。

　以上のことから，岸田・小倉（2018）の批判的思考を促す「科学的な実験
のための合言葉」を用いて実験計画を立案させる理科授業が，児童の実験計画
立案力に効果があることに加え，科学的に妥当な結論の導出についても効果が
あることが明らかとなった。しかし，実験群においても 18 名が結果のみの記
述に留まった。

4−2−2　実験計画ワークシートの各項目の平均得点

　表 6-6 に示したように，項目④「科学的に信頼できるデータを得るため，適
切な回数実験を行うことが記述されている（採点者が事前に設定した回数以上
行うことが書いてある）」，項目⑨「実験の手順の各段階において，誰がどのよ
うな作業をするかの記述がある」，項目⑩「実験に必要な器具とその数が明確
に記述されている」については，第 11 〜 12 時の平均得点が第 5 〜 6 時のそ
れよりも有意に高く，項目⑥「記述してある文や絵のとおり実験を行っても，
実験者または周囲に危険が生じない」については，第 11 〜 12 時の平均得点
が第 5 〜 6 時のそれよりも有意に低いことが示された。これは，実験計画確認
シートと実験計画ワークシートを用いて実験計画を立案する活動を重ねること
で，児童が特に項目④，⑨，⑩に関する批判的思考を働かせて，科学的な実験
計画になっているのかを検討する力の育成に効果があることが示唆される。

　一方，項目⑥については，水溶液を蒸発皿で加熱する実験において「軍
手」や「ぬれぞうきん」といった用語は見られたが，実験の手順に「軍手をは
めて蒸発皿を持ち，ぬれぞうきんにのせて冷ます」といった，安全への配慮に
関する記述はほとんど認められなかった。児童が批判的思考を働かせて科学的
な実験計画になっているかを検討する力の育成に向けては，実験計画確認シー
トにおける「あんぜんですか？」に関する記述の指導が必要であると考えられ
る。

また，第5～6時から第11～12時にかけて有意な上昇が認められなかった項目③「実験に再現性がある（再度実験を行うことが可能であり，文や絵で書いてある通り実験を行うと，実験を行う者によって大きな差がなく同じ実験になる）」や，項目⑤「実験の結果起こる現象が明確，または，数値をもって結果が示され，仮説の正当性が示されている」について，前者では児童が結果の妥当性を評価できなかった可能性が，後者では児童が予想・仮説の精度に不安があり，実験の結果に自信を持てなかった可能性があったことも推察される。批判的思考は実験計画を立てる段階において，他者との関わりの中で多くの情報を収集しながら，より精度の高い予想・仮説を作り上げるプロセスであることから，更なる指導法の改善が求められる。

4−3　「実験観尺度」を用いた質問紙（下位尺度の平均値）

　表6-7に示したように，実験群は6因子すべてにおいて，統制群は「仮説検証方略志向」「新しい発見や気づき」「実験プロセスの重視」の3因子において有意な上昇が見られた。

　「メタ認知的方略志向」は，「3. 実験が成功しているグループの実験方法や計画を見て，それを使って自分たちの実験をより良くしようとしている」「18. 実験で思ったような結果が出ないときは，『なぜだろう』と考えてその原因を探そうとする」といった質問項目で構成されている。この項目で構成された「メタ認知的方略志向」について実験群の単元前後で有意な上昇が見られたことは，実験計画確認シートを用いることで，自他の実験計画を確認・評価・修正する重要性について，意識化できたことを示唆している。

　「仮説検証方略志向」は，「5. 自分の予想や仮説を確かめるための実験方法になっているか，よく考える」「9. 『実験結果はどうなるかな』と考えながら実験方法を計画している」といった質問項目で構成されている。統制群の授業においても，課題についての予想や仮説を立てる時間や実験結果を予想する時間を設け，授業を行った。そのため，統制群においても有意な上昇が見られたと考えられる。

　「意味理解方略志向」は，「2. 『どうしてこの方法で実験するのかな』とは，

あまり考えずに実験をすることが多い」「6.『どうしてこの方法で実験をするのか』がわからなくても，あまり気にせずに実験をしている」といった質問項目で構成されている。この項目で構成された「意味理解方略志向」について実験群の単元前後で有意な上昇が見られたことは，実験計画確認シートを用いることで，個々の実験の意味を理解して実験計画を立案する重要性について，意識化できたことを示唆している。

「可視化方略志向」は，「11. 実験結果は，図や表を使ってまとめようとしている」といった質問項目で構成されている。この項目で構成された「可視化方略志向」について実験群の単元前後で有意な上昇が見られたことは，実験計画確認シートにある「でーた（結果）をどのように整理して表現したらわかりやすくなりますか？」に関連している。児童が実験計画確認シートを用いることで，実験計画を立案する際，結果をまとめる表や図の必要性について，意識化できたことを示唆している。

「新しい発見や気づき」は，「1. 新しいことに気づくので実験はおもしろい」「4. 思いがけない発見があるから実験はおもしろい」といった質問項目で構成されている。曽谷（2013）は，小学生対象に行ったアンケート調査から理科が好きな理由として，「理科実験をして成功すると，自然現象などが理解でき，発見したという『充実感』・『達成感』があり満足できることが，大きな要因の1つである」と述べている。統制群においても実験を行い，第11〜12時の授業においては，教師と共に未知の水溶液を同定する実験計画を考えている。そのため，統制群においても「新しい発見や気づき」に有意な上昇が見られたのは，曽谷（2013）の知見とも一致する。

「実験プロセスの重視」は，「14.『どうしてこの方法で実験をするのか』がわからなくても，実験が成功していればいいと思う」といった質問項目で構成されている。リトマス紙やムラサキキャベツ水溶液の色の変化や，塩酸に溶かした後の金属の変化など，結果だけではなく実験中の変化や様子についても注目する必要性がある。統制群においてもその点についての指導を行っていたため，有意な上昇が見られたと考えられる。

以上のことから，岸田・小倉（2018）の批判的思考を促す「科学的な実験

のための合言葉」を用いて実験計画を立案させる理科授業は，自他の実験計画を確認・評価・修正する力や，個々の実験の意味を理解して実験計画を立案する力の育成，および実験計画を立案する際，結果をまとめる表や図の必要性についての意識化に有効であることが明らかとなった。

おわりに

　本章の第一の目的は，児童の実験計画立案力を評価する問題紙を作成することであり，第二の目的は，岸田・小倉（2018）の批判的思考を促す「科学的な実験のための合言葉」を用いて実験計画を立案させる理科授業が，児童の実験計画立案力にどのような影響を与えるのかを検証することであった。これらの目的を達成するために，小学校第6学年理科「水溶液の性質」において，作成した実験計画確認シートと実験計画ワークシートを用いて授業を行うとともに，問題紙や質問紙を用いて児童の実態を調査した。

　その結果，まず，問題紙の平均得点について，事前では両群に有意な差は見られなかったが，事後では有意な差が見られた。次に，実験計画ワークシートの平均得点について，実験群では有意な上昇が見られた。

　以上のことから，作成した問題紙は，児童の実験計画立案力を評価する問題として適用可能であることが示唆された。また，実験計画確認シートと実験計画ワークシートを用いることが，批判的思考を働かせて科学的な実験計画になっているかを検討する力の育成に効果があることが明らかとなった。

　さらに，「実験観尺度」における下位尺度の平均値について，実験群は6因子すべてにおいて，統制群は3因子（「仮説検証方略志向」「新しい発見や気づき」「実験プロセスの重視」）において単元前後で有意な上昇が見られた。

　以上のことから，岸田・小倉（2018）の批判的思考を促す「科学的な実験のための合言葉」を用いて実験計画を立案させる理科授業は，自他の実験計画を確認・評価・修正する力や，個々の実験の意味を理解して実験計画を立案する力の育成，および実験計画を立案する際，結果をまとめる表や図の必要性についての意識化に効果があることが明らかとなった。

注釈

1) 図6-1の実験計画ワークシートにおける「【課題】→【予想や仮説】→【確かめる方法】」の欄には，児童の思考や記述スキルを支援するヒントを明記する必要があると考えた。しかし，「水溶液の性質」について学習している第6学年の児童に対し，当該単元の内容を記入例として記載することは適切ではない。また，たとえ既習事項を取り上げたとしても，それが「エネルギー」「生命」「地球」を「科学の基本的な概念等の柱とした内容」に基づく単元であれば，児童の思考や記述スキルを支援するどころか，むしろ混乱を招く恐れがある。そこで，上述した「水溶液の性質」と同様，「粒子」を「科学の基本的な概念等の柱とした内容」であり，かつ第5学年までの既習事項を精査した結果（小学校学習指導要領（平成29年告示）解説理科編，文部科学省，2018，22-25），第5学年の「物の溶け方」が最適の単元であるとの結論に至った。

2) 第5～6時では，「リトマス紙を使うと，水溶液はどのように仲間分けできるのだろうか」を課題として提示し，リトマス紙を用いて4種類の水溶液（食塩水，塩酸，炭酸水，アンモニア水）を仲間分けする実験を行わせた。これら4種類の水溶液を用いて，その仲間分けに関する授業を行った理由は，授業者（大学院生）が勤務している新潟県内のほとんどの小学校において，下記の②学校図書の理科教科書が採択されているためである。しかし，第6学年理科「水溶液の性質」について，2019年文部科学省検定済小学校理科教科書を概観したところ，下記の①～⑤に示した通り，扱う水溶液の種類や課題文が異なっていることが明らかとなった（すべて原文のまま）。②学校図書の課題文には「仲間分け」という言葉が記載されているため，本章でもそれを用いた。

① 大日本図書：pp.112-114，水溶液の種類：食塩水，石灰水，アンモニア水，塩酸，炭酸水，課題文：それぞれの水よう液は何性なのだろうか

② 学校図書：pp.158-160，水溶液の種類：食塩水，塩酸，炭酸水，アンモニア水，課題文：4つの水溶液は，リトマス紙でいくつになかま分けができるだろうか

③ 啓林館：pp.99-100，水溶液の種類：食塩水，炭酸水，うすい塩酸，重そう水，うすいアンモニア水，課題文：リトマス紙を使うと，水溶液をどのように仲間分けすることができるのだろうか

④ 教育出版：pp.177-178，水溶液の種類：うすい塩酸，炭酸水，食塩水，石灰水，うすいアンモニア水，課題文：5種類の水溶液をリトマス紙につけて，色の変化を調べよう

⑤ 東京書籍：pp.177-178，水溶液の種類：水，食塩水，石灰水，アンモニア水，塩酸，炭酸水，課題文：リトマス紙を使うと，水溶液をどのようになかま分けすることができるのだろうか

3) 第11～12時の学習（未知の水溶液を同定する実験）と，事後調査で用いた問題紙（資料6-2：未知の水溶液を同定する実験計画を立案する問題）との関係性について述べる。小学校学習指導要領（平成29年告示）解説理科編（文部科学省，2018，78-80）では，「水溶液

には，色やにおいなどの異なるものがあることや，同じように無色透明な水溶液でも，溶けている物を取りだすと違った物が出てくることがあることなどから，水溶液の性質の違いを捉えるようにする。また，リトマス紙などを用いて調べることにより，酸性，アルカリ性，中性の3つの性質にまとめられることを捉えるようにする」ことが求められている。また，日常生活との関連として，「身の回りで使用されている酸性やアルカリ性の水溶液を調べる」といった活動が明記されている。

　こうした背景を踏まえ，第11〜12時では「5種類の水溶液（食塩水，塩酸，アンモニア水，炭酸水，水）が何かを調べるには，どうすればいいのだろうか」を課題として提示し，これまでに学んだ3つの方法（におい，水の蒸発，リトマス紙）を用いて班ごとに調べさせた。その際，「2-3」で述べたように，まず，実験計画ワークシート（図6-1）を用いて，児童個々に実験計画を立案させた後，「科学的な実験のための合言葉」に基づいて自己評価させた。次に，実験計画確認シートを用いて，お互いの計画について班で議論させ，自身が気づかなかった実験の観点や指摘された計画の不備などを，再度，実験計画ワークシート（図6-1）に加筆させた。これにより，他者からの指摘を踏まえて自身の実験計画を反省的に再考し，合理的に訂正するといった批判的思考を促すことができると考えた。

　事後調査で用いた問題紙（資料6-2：未知の水溶液を同定する実験計画を立案する問題）では，砂糖水や食塩水に加え，日常生活で使用されている酢や料理酒といった4種類の水溶液について，「においを調べる実験」や「水溶液を蒸発させる実験」の結果を明示し，未知の水溶液を同定する実験計画を立案させることをねらいとした。さらに，リトマス紙を用いて調べる実験計画を立案する児童も認められるのではないかと考え，水溶液の性質について，より妥当な考えをつくりだし，表現させることをねらいとした。

　以上，両者では扱う水溶液の種類は異なっているものの，水に溶けている物に着目して，水溶液の違いを多面的に調べるといった活動は一致していることから，実験計画確認シートと実験計画ワークシート（図6-1，6-2）を用いた実験群の実験計画立案力の向上を評価できるのではないかと考えた。

4)　まず，授業者（大学院生）が独立して全児童の実験計画ワークシートに記述されている「【実験計画】及び【実験結果の予想】」の内容を対象に，「詳細な実験計画の評価基準」（岸田・小倉，2018）に照合しながら採点した。具体的には，Excelの列（縦並び）に出席番号順に整理された児童を，行（横並び）に「詳細な実験計画の評価基準」（項目①〜⑩）を設定し，項目②〜⑩に該当する記述が認められれば「1」を，認められなければ「0」をそれぞれ入力した。なお，項目①は「なにも書いていない」場合であり，0点とした。次に，理科教育学研究者1名が全児童の実験計画ワークシートとExcelに入力されたデータについて，改めて「詳細な実験計画の評価基準」（項目①〜⑩）に照合しながら採点した。そして，授業者（大学院生）と異なる採点結果（不一致点）が認められた項目については，当該部分を赤字に変換しExcelシート上に明示した。最後に，赤字で明示した不一致点について，2名

で再度ワークシートの記述内容を確認しながら採点と解釈を行い，その妥当性を討議した。このような協議を不一致点がすべて解消するまで続け，児童個々の得点を確定させた。

5）児童Bが記述した【まとめ】における下線部は，実験計画ワークシート（図6-2）に記載されている言葉を示す。

参考文献

1）大日本図書（2019）「たのしい理科6」112-114。
2）啓林館（2019）「わくわく理科6」99-100。
3）教育出版（2019）「未来をひらく　小学理科6」177-178。
4）東京書籍（2019）「新しい理科6」177-178。

引用文献

1）Brookfield, S.D.（1987）. Developing Critical Thinkers: Challenging Adults to Explore Alternative Ways of Thinking and Acting. San Francisco, CA：Jossey-Bass.

2）Ennis, R.H.（1987）. A Taxonomy of Critical Thinking Dispositions and Abilities. In J.B.Baron & R.J.Sternberg（Eds.）, Teaching Thinking Skills: Theory and Practice. W. H. Freeman and Company, 9-26.

3）Facione, P.A.（1990）. Critical thinking: A Statement of Expert Consensus for Purposes of Educational Assessment and Instruction. Newark, DE：American Philosophical Association.

4）学校図書（2019）「みんなと学ぶ　小学校理科6年」148-171。

5）学校図書（2020）「みんなと学ぶ　小学校理科6年　教師用指導書解説編」186-203。

6）後藤勝洋・五関俊太郎（2020）「フローチャート型実験計画表によりクリティカル・シンキングを引き出す―理科実験授業モデルの提案―」『理科教育学研究』第61巻，第1号，97-106。

7）木下博義・山中真悟・中山貴司（2013）「理科における小学生の批判的思考とその要因構造に関する研究」『理科教育学研究』第54巻，第2号，181-188。

8）岸田拓郎・小倉康（2018）「実験計画力を育成する『実験計画シート』の開発とその有効性の検討」『理科教育学研究』第59巻，第1号，39-48。

9）国立教育政策研究所（2013a）「教育課程の編成に関する基礎的研究報告書5　社会の変化に対応する資質や能力を育成する教育課程編成の基本原理」47-49。

10）国立教育政策研究所（2013b）「育成すべき資質・能力を踏まえた教育目標・内容と評価の在り方に関する検討会（第6回）平成25年6月27日配付資料　資料1　教育課程の編成に関する基礎的研究（国立教育政策研究所発表資料）（4）」。
（https://www.mext.go.jp/b_menu/shingi/chousa/shotou/095/shiryo/icsFiles/afieldfile

/2013/07/18/1336562_01_4.pdf）

11) 草場実（2011）「メタ認知を育成する理科学習指導に関する実践的研究 ― 高等学校化学領域の観察・実験活動に着目して ―」『広島大学大学院教育学研究科学位論文』57-60。

12) 楠見孝（2010）「批判的思考と高次リテラシー」，楠見孝（編）「現代の認知心理学3　思考と言語」北大路書房，134-160。

13) 楠見孝（2011）「批判的思考とは：市民リテラシーとジェネリックスキルの獲得」，楠見孝・子安増生・道田泰司（編）「批判的思考を育む：学士力と社会人基礎力の基盤形成」有斐閣，2-24。

14) 楠見孝（2015）「批判的思考とリテラシー　リテラシーの四つの区分」，楠見孝・道田泰司（編）「批判的思考21世紀を生きぬくリテラシーの基盤」新曜社，182-187。

15) 道田泰司（2003）「批判的思考概念の多様性と根底イメージ」『心理学評論』46（4），617-639。

16) 文部科学省（2018）「小学校学習指導要領（平成29年告示）解説理科編」17-18，22-25，78-80。

17) 村田稜輝・栗原淳一（2020）「理科授業において実験計画を記述させる指導に関する研究」『日本科学教育学会研究会研究報告』第34巻，第7号，1-4。

18) 曽谷紀之（2013）「小学生の理科に対する意識は ― 小学生は理科が好き ―」『理科教育学研究』第53巻，第3号，547-556。

19) 髙見健太・木下博義（2017）「他者との関わりを通じて批判的思考を働かせるための理科学習指導法の開発と評価 ― 中学校理科『化学変化』の単元における授業実践を通して ―」『理科教育学研究』第58巻，第1号，27-40。

20) 田中優子・楠見孝（2007）「批判的思考プロセスにおけるメタ認知の役割」『心理学評論』50（3），256-269。

21) 東京書籍（2018）「新編　新しい科学1」136。

22) Toplak, M.E., & Stanovich, K.E. (2002). The Domain Specificity and Generality of Disjunctive Reasoning: Searching for a Generalizable Critical Thinking Skill. Journal of Educational Psychology, 94 (1), 197-209.

23) 山中真悟・木下博義（2012）「高等学校物理における批判的思考力育成のための指導法に関する研究 ― 物理Ⅰ『物体の運動』の単元を通して ―」『理科教育学研究』第53巻，第2号，329-341。

24) Zohar, A., Weinberger, Y., & Tamir, P. (1994). The effect of the biology critical thinking project on the development of critical thinking. Journal of Research in Science Teaching, 31 (2), 183-196.

付記

　本章は「科学教育研究」第 47 巻，第 2 号（2023）に掲載された「批判的思考を促す『科学的な実験のための合言葉』を用いた理科授業の効果の検証 ― 実験計画立案力を評価する問題紙の作成を中心として ― 」を書き直したものである。

資料6-1　未知の気体を同定する実験計画を立案する問題

A先生のクラスでは，「ものの燃え方と空気」の実験をしています。

A先生：「酸素，二酸化炭素，窒素の3つの気体を用意したけど，どれがどの気体かわからなくなった。どうしよう」
Bさん：「表1を使って，確かめる方法を考えてみよう」

表1　3つの気体の性質を調べた実験とその結果

実験	火のついたろうそく	石灰水
結果	・酸素：はげしく燃え上がった ・二酸化炭素：すぐに消えた ・窒素：すぐに消えた	・酸素：何も変わらなかった ・二酸化炭素：白くにごった ・窒素：何も変わらなかった

【問題】
　あなたが考えた方法（実験計画）を文章や絵図，表などを使って書いてください。

注）紙面の都合上，解答欄は省略した。

資料6-2　未知の水溶液を同定する実験計画を立案する問題

　Xさんは料理に使うために，3種類の水溶液をつくり，形も大きさも同じ3つのびんの中に分けて入れました。
　・水溶液A：かき氷にかけるための砂糖水
　・水溶液B：あさりの塩抜きのための食塩水
　・水溶液C：ゴボウのあく抜きのためのうすめた酢

　これら3つの水溶液は，どれも無色透明で同じ量の水溶液であったため，見ただけでは見分けることはできません。ところが，このびんを台所に置いておいたところ，Yさんが形も大きさも同じびんに同じ量の料理酒が入っているびんと混ぜてしまいました。
　・水溶液D：料理酒

Yさん：「無色透明で，形も大きさも量も同じだからわからなくなった。どうしよう」
Xさん：「表2を使って，確かめる方法を考えてみよう」

表2　4つの水溶液の性質を調べた実験とその結果

実験	におい	水溶液の蒸発
結果	・砂糖水：においはなかった ・食塩水：においはなかった ・酢：つんとしたにおいがした ・料理酒：アルコールのにおいがした	・砂糖水：黒くこげたものが残った ・食塩水：白い粉のようなものが残った ・酢：何も残らなかった ・料理酒：何も残らなかった

【問題】
　あなたが考えた方法（実験計画）を文章や絵図，表などを使って書いてください。

注）紙面の都合上，解答欄は省略した。

第 **7** 章

中学校理科授業における主体的・協働的な学びを
促す指導方法
― 「探究の過程の８の字型モデル」 と 「探究アイテム」 に着目して ―

は じ め に

　課題の発見と解決に向けて主体的・協働的に学ぶ学習や，そのための指導の方法等を充実させていく必要があるといった，次期学習指導要領の方向性が示された（文部科学省，2014）。ここでいう主体的・協働的に学ぶための方法例として，問題解決学習がある（文部科学省，2012）。小学校理科においては，目標の中に問題解決の能力の育成が示されており，理科授業で問題解決学習が行われている（文部科学省，2008）。中学校理科においては，小学校で身に付けた問題解決の力をさらに高めるとともに，観察・実験の結果を分析し，解釈するなどの科学的探究の能力の育成が明記されているなど（文部科学省，2008），児童の問題解決能力，生徒の科学的探究能力の育成が以前にも増して重視されている。

　しかしながら，「特定の課題に関する調査（理科）結果のポイント」（国立教育政策研究所，2007）において，観察・実験の好きな児童生徒の割合は80％以上と高い割合にあるが，見通しをもって自ら観察・実験の方法を考案することや，観察・実験の結果やデータをもとにして考察し，結論を導き出すことに課題があることが明らかにされた。

　さらに，「平成24年度全国学力・学習状況調査」（国立教育政策研究所，2012）では，「自ら考えた仮説をもとに観察，実験の計画を立てさせる指導を行ったか」という質問において，肯定的な回答をした中学校理科教師の割合が

64％であったのに対し，生徒のそれは46％であり，両者の間に認識の格差があることが示唆された。これらの課題点の背景には，理科学習において科学的な探究の過程を辿ることが目的とされ，個々の活動が教師の指示に従うだけの形骸化されたものになり，本当の意味で，生徒が主体的・協働的に学ぶ学習になっていなかった可能性が推察される。

　中学校学習指導要領解説理科編（2008）によると，「主体的な学び」は，「主体的に疑問を見付ける」や「目的意識をもって観察，実験を主体的に行う」など，観察，実験を探究的に進めることが示唆されているが，「協働的な学び」については記されていない。しかし，小学校学習指導要領解説理科編（2008）には，「相互に話し合う中から結論として」という意見交換を重視する活動が示されており，小学校で身に付けた能力を中学校につなげていくことが求められていると考えられる。

　このように，生徒の主体的・協働的な学びを生み出すために，教師が意図的・計画的に教授方略をデザインして授業に臨むとすれば，生徒も何らかの方略を保持しておく必要があると考えられる。換言すれば，生徒個々が自分の問題として事象を捉え，問題解決を進めていくためには，生徒が科学的探究の過程を理解し，常に自分自身が探究過程のどの段階にいるのかを振り返るとともに，各段階に応じた必要な技能を選択・活用することが求められる。

　そこで本章では，生徒の主体的・協働的な学びを促進するために，以下に示す2つの指導方法を適用することとした。1つは，浅倉（2016）が開発した「探究の過程の8の字型モデル」（図7-1）である。これを用いることにより，生徒が科学的な探究活動を行う際，因果関係の有無から観察か実験かを判断するとともに，見通しをもち，順序立てて探究を進めることができると考えられる。

　もう1つは，長谷川ら（2013）が開発した31項目からなる「探究の技能」を基に，浅倉（2016）が小学校第5学年を対象に開発したカード型の教材「探究アイテム」（図7-2）を中学生用に最適化したものを適用する。「探究アイテム」は32枚のカードで構成されており，「問題の把握」から「結論の導出」に至るまで，一連の問題解決活動に必要な技能がイラストと説明文でわかりやす

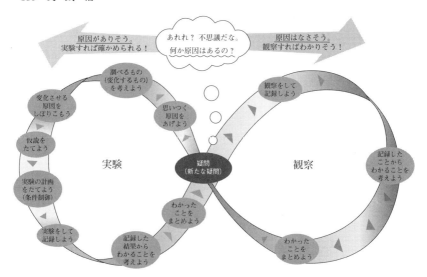

図 7-1 「探究の過程の 8 の字型モデル」
(浅倉，2016 より転載)

図 7-2 「探究アイテム」の一例
(浅倉，2016 より転載)

く示されている。これにより，「探究の過程の8の字型モデル」における各過程において，どのような技能を活用すればよいのかを意識することができると考えられる。

　これまで述べてきたように，中学校理科授業において，「探究の過程の8の字型モデル」と「探究アイテム」を適用し，探究の過程と技能を関連付けた指導を行うことで，生徒の主体的・協働的な学びを促進するとともに，実験に対する意識や行動の変容および科学的探究過程の理解に有効ではないかと考えた。

第1節　目的と本章における主体的および協働的の定義

　本章では，中学校理科授業における主体的・協働的な学びを促す指導方法として，「探究の過程の8の字型モデル」と「探究アイテム」を適用することが，生徒の実験に対する意識や行動の変容および科学的探究過程の理解に与える効果を明らかにすることを目的とした。

　なお，本章では，後藤・松原（2015）の知見に基づき，主体的を「あることがらについて，するかしないかの判断も含めて，自らの意思で決定して行動すること」，協働的を「自らが属する組織や文化の異なる他者と1つの目標に向けて互いにパートナーとしてともに働くこと」とした。

第2節　研究の方法

2-1　中学生用に最適化した「探究アイテム」の考案

　浅倉（2016）が開発した「探究アイテム」を中学生用に最適化する前に，まず，長谷川ら（2013）が開発した「探究の技能」（表2-1）を中学校理科学習の文脈に適合するように修正した（表7-1）。なお，文章表現の妥当性については経験豊富な中学校理科教員4名で検討した。次に，表7-1に示した「探究の技能」の一覧表と対応させながら，32枚の中学生用「探究アイテム」を作成した（図7-3）。

2−2　調査対象

　岐阜県内の公立中学校第2学年4クラス157人（実験群78人：a組39人，b組39人；統制群79人：c組39人，d組40人）に対して，授業および質問紙を実施した。授業者は両群ともに筆頭著者であった。

2−3　授業および質問紙の実施時期

　授業については，2016年7月上旬に2コマ（1コマ50分間）の時間数で実施した。東京書籍（2015）の第2学年第1分野「化学変化と原子・分子」における単元導入として，「炭酸アンモニウムの熱分解」を行った。炭酸アンモニウムを単元の導入として用いた理由は，以下の2点である。1つは，加熱により炭酸アンモニウムが消失したり，刺激臭を発生したりするなど，生徒の化学変化や物質に対する興味・関心を喚起できることである。もう1つは，炭酸アンモニウムの熱分解の様子を観察した生徒は，「固体の炭酸アンモニウムは，気体に状態変化したから見えなくなった」と予想するなど，第1学年「(2) 身の回りの物質」（文部科学省，2008）で学習した物質の調べ方や性質を活用しながら，自らの予想や仮説を設定できることである。

　さらに，清水（2014）は，導入の時間は知的好奇心や探究心をもたせるために，児童生徒に共通の経験をさせる，興味・関心をもたせて意欲の喚起を図る，問題を意識化させることが必要であると述べている。したがって，炭酸アンモニウムの熱分解を本単元の導入として提示することは，清水の指摘と一致し，効果があると考えられる。

　両群の授業展開を表7-2，表7−3にそれぞれ示す。第1時において，まず，両群ともに炭酸アンモニウムをガスバーナーで加熱させた。次に，実験群では，「探究の過程の8の字型モデル」と「探究アイテム」を配付し，それらの使用方法を教授した後，生徒個人で課題，仮説，実験方法，結果の見通しについて考案させ，ワークシートに記述させた（図7-4）。さらに，グループで課題，仮説，実験方法，結果の見通しについて意見交換し共有化させるとともに，画用紙（縦392mm×横542mm）に，グループ全体の考えとして集約した課題，仮説，実験方法，結果の見通しを記述させることで，生徒同士の思考

過程の可視化，共有化を促した（図7-5）。

　一方，統制群では，教師が「炭酸アンモニウムを加熱すると，どのような変化が起こるのだろうか」と課題を提示し，この課題に対する仮説を生徒個人で考えさせた。その後，教師が実験方法を教授するとともに，クラス全体で結果の見通しについて意見交換させた。

　第2時において，実験群では，グループで共有化した実験を遂行させ，結果とその考察，課題に対する結論を導出させた（図7-6）。統制群では，教師から教授された実験を遂行させ，結果とその考察，課題に対する結論を導出させた。なお，統制群においては，「次に課題に対する仮説を考え，ワークシートに記入しましょう」「実験が終わった班から，結果をまとめましょう」「考察は自分の仮説と同じであったか，違っていたのかを書きましょう」というように，次の過程に進むタイミングを指示したり，各過程で必要な「探究の技能」（表7-1）を口頭で教授したりした。

　質問紙については，後述する「実験に対する意識や行動の変容」および「科学的探究過程の理解」に関する調査を6月下旬（事前），授業実施直後の7月上旬（事後）にそれぞれ実施した。いずれの調査においても，事前と事後で同一の質問紙を用いた。

2-4　調査・分析方法
2-4-1　ワークシートの記述内容

　生徒のワークシートの記述内容については，表7-4に示した分析の観点に従って正答と非正答に分類することで，両群の授業効果を比較・検討することとした。

2-4-2　発話プロトコル

　表7-2に示した実験群の第1時における授業の様子をデジタルビデオカメラ1台（理科室左前からクラス全体を撮影）で録画するとともに，6～7人の少人数からなる6つのグループにICレコーダーを設置し，生徒の発話を録音した。そして，発話プロトコルを作成し，生徒の学びの形成過程を質的に分析

した。

2−4−3 実験に対する意識や行動の変容に関する質問紙

　本調査は，「探究の過程の8の字型モデル」と「探究アイテム」を適用した本章の指導方法が，実験に対する意識や行動といった態度的側面に及ぼす効果について検討することを目的とし，草場（2011）が開発した「実験観尺度」を用いた（表7-5）。本質問紙は6つの下位尺度と20個の質問項目で構成されており，各質問項目について「5. 当てはまる」「4. 少し当てはまる」「3. どちらでもない」「2. あまり当てはまらない」「1. 当てはまらない」の5件法で回答を求め，5段階の評定をそのまま得数化した。否定的な質問文（質問項目⑧，⑨，⑩，⑪，⑱，⑲，⑳）については，数値を反転させて点数化した。配当時間は15分間であった。

　分析の手続きとしては，まず，事前・事後調査における両群の各下位尺度の平均値（標準偏差）を算出した。次に，事前の各下位尺度の平均値を共変量，事後のそれらを従属変数，両群（実験群・統制群）を独立変数とする共分散分析を行った。

2−4−4 科学的探究過程の理解に関する質問紙

　本調査は，浅倉（2016）が考案した質問紙を用いた（表7-6）。実験群78人を対象に，各質問項目について「4. 当てはまる」「3. 少し当てはまる」「2. あまり当てはまらない」「1. 当てはまらない」の4件法で回答を求めた。配当時間は5分間であった。

　分析の手続きとしては，項目ごとに「4. 当てはまる」と「3. 少し当てはまる」を肯定に，「2. あまり当てはまらない」と「1. 当てはまらない」を否定に分類し，回答人数の偏りを正確二項検定で検討した。

表7-1　中学生用に最適化した「探究の技能」の一覧表

0　「観察」で解決するか，「実験」で解決するか考える

1　事象を理解・把握するために観察する技能（実験の技能）
1-1：目や手などの五感を使って記録する
1-2：測った数値を使って記録する
1-3：変化した様子や特徴を記録する
1-4：絵や図を使って記録する
1-5：物のつくりや位置の特徴を記録する
1-6：色々な角度から観察し記録する

2　分類の基準に基づいて分類する技能（実験の技能）
2-1：目的に合わせて分類したり比較したりする
2-2：以前に学んだことを基に分類したり比較したりする

3　観察・実験のための仮説を立てる技能（科学的な思考・表現の技能）
3-1：観察をすることで疑問を見つける
3-2：既習事項に基づく根拠や，「～すれば，○○は，～になるだろう」という原因と結
　　　果の関係を踏まえた仮説を設定する
3-3：予想や仮説の理由を示す
3-4：予想や仮説を確かめるための実験を計画する
3-5：条件を変化させると結果がどう変わるか予想する
3-6：観察・実験の結果を基に予想や仮説を直す

4　観察・実験で変数を制御する技能（実験の技能）
4-1：「変化しているもの」や「変化させている原因」が何か考える
4-2：変える条件と変えない条件を決める
4-3：「変化するもの」の調べ方を考える

5　観察・実験で測定する技能（実験の技能）
5-1：観察・実験に合った計測器を使う
5-2：一番小さい目盛りまで正確に数値を測定する
5-3：測定した結果から計算で値を求める
5-4：誤差を考えながら測定値を測る
5-5：物の大きさや位置を目印などを使って図に描く

6　データを解釈する技能（科学的な思考・表現の技能）
6-1：表やグラフから2つの関係を読み取る
6-2：表やグラフから変化の特徴を読み取る
6-3：表やグラフの結果から，この後の変化を予想する
6-4：観察・実験の結果をモデルを使って説明する
6-5：観察・実験の結果を表にまとめる
6-6：観察・実験の結果をグラフに示す

7　要因の抽出や観察・実験結果について推論する技能（科学的な思考・表現の技能）
7-1：なぜ変化するのか予想する
7-2：自らの仮説と照合させて考察する
7-3：課題に正対した結論を導き出す

注）右下の数字（3-2）は表7-1と対応している。

図7-3 中学生用に作成した「探究アイテム」の一例

表7-2 実験群の授業展開（全2時間）

〈第1時〉
①蒸発皿にのせた炭酸アンモニウムを加熱し，消失するようすを観察する
②課題を生徒個人で考え，ワークシートに記述する
③課題に対する仮説を生徒個人で設定し，ワークシートに記述する
④仮説を検証するための実験方法と，結果の見通しを生徒個人で考え，ワークシートに記述する
⑤グループで課題，仮説，実験方法，結果の見通しについて意見交換し共有化するとともに，画用紙にグループ全体の考えとして集約した課題，仮説，実験方法，結果の見通しを記述し，思考過程を可視化した

〈第2時〉
⑥グループで共有化した実験を遂行する
⑦得られた結果やその考察，課題に対する結論を生徒個人がワークシートに記述する

表7-3 統制群の授業展開（全2時間）

〈第1時〉
①蒸発皿にのせた炭酸アンモニウムを加熱し，消失するようすを観察する
②教師から提示された課題をワークシートに記述する
③課題に対する仮説を生徒個人で設定し，ワークシートに記述する
④仮説についてクラス全体で意見交換する
⑤教師から教授された実験方法と，クラス全体で確認した結果の見通しをワークシートに記述する

〈第2時〉
⑥教師から教授された実験をグループで遂行する
⑦得られた結果やその考察，課題に対する結論を生徒個人がワークシートに記述する

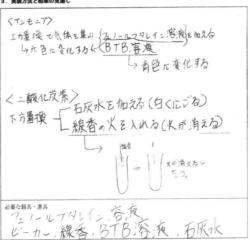

図7-4 問題の把握から結果の見通しまでのワークシートの記述例

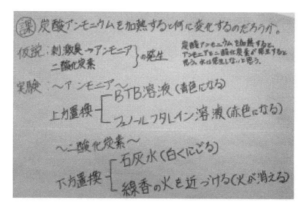

図 7-5　生徒同士の思考過程の可視化，共有化を促す画用紙の記述例

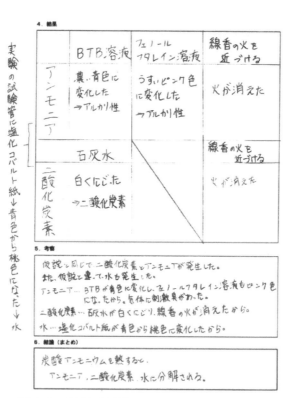

図 7-6　結果から結論までのワークシートの記述例

表 7-4　ワークシートの記述内容に関する分析の観点

過程	分析の観点
課題	・科学的に検証可能な問いであるか
仮説	・既習事項に基づく根拠が示された仮説であるか，または，独立変数と従属変数の因果関係を踏まえた仮説であるか
実験方法	・自らの仮説を検証するために必要な実験器具や薬品，条件制御などを踏まえた実験が計画されているか
結果の見通し	・結果の見通しが既習事項に基づく科学的に正しい内容であるか
結果	・正しい実験の手続きや操作によって導き出された結果であるか
考察	・自らの仮説に照合した考察であるか，または，結果を正しく分析し解釈している考察であるか
結論	・課題に正対した結論であるか

表 7-5　「実験観尺度」の質問項目（草場，2011 より引用）

〈メタ認知的方略志向（4項目）〉
①実験に失敗したとき，実験方法を見直している
②実験で思ったような結果がでないときは，その原因をつきとめようとする
③実験がうまくいっているのかを，よく確認しながら実験をしている
④実験が成功しているグループの実験計画を参考にしている

〈仮説検証方略志向（3項目）〉
⑤仮説を検証するための実験方法になっているのかをよく考える
⑥実験結果を予測しながら，実験方法を計画している
⑦ある実験方法で成功したあとでも，別のより良い実験方法をさがしてみることがある

〈意味理解方略志向（4項目）〉
⑧なぜそうなるかはあまり考えず，実験をしてしまうことが多い
⑨実験方法の意味がわからなくても，あまり気にせずに実験をしている
⑩実験方法の意味がわからなくても，あまり気にならない
⑪実験方法の意味をあまり考えずに，実験をすることが多い

〈可視化方略志向（2項目）〉
⑫図や表で整理しながら実験をしている
⑬実験結果は，図や表で整理して理解しようとしている

〈新しい発見や気づき（5項目）〉
⑭実験をしていると，新しいことに気づくことがある
⑮新しいことに気づくので，実験はおもしろい
⑯授業よりも，実験のほうがたくさんの発見がある
⑰思いもよらない発見があるから，実験はおもしろい
⑱実験をしても，新しい発見はあまりない

〈実験プロセスの重視（2項目）〉
⑲実験方法の意味がわからなくても，実験が成功していればいいと思う
⑳実験方法の意味より，実験が成功していたかどうかが気になる

表7-6 科学的探究過程の理解（浅倉，2016より引用）

①「8の字型モデル」や「探究のアイテム」を使って理科の授業は楽しい
②今後も，「8の字型モデル」や「探究のアイテム」を使えば，自分たちの力で
　課題を解決できそうだ
③「8の字型モデル」は，次の活動の見通しをもつことに役に立った
④「8の字型モデル」や「探究のアイテム」を使うことを通して，仲間と話し合
　おうとする意識が高まったり，相談する機会が増えたりした
⑤「探究のアイテム」を使うと，どんな技能が使えるのかわかった

第3節　結果と考察

3−1　ワークシートの記述内容

　表7-4に示した分析の観点に従って，両群のワークシートの記述内容を正
答と非正答に分類したところ，実験群では，全過程において75%以上の生徒
が科学的に正しい内容を記述できたことが示された。また，仮説，結果，考
察，結論の4つの過程においては，統制群と同程度の内容を記述できたことが
明らかとなった（表7-7）。

3−2　発話プロトコル

　ICレコーダーに録音された発話を分析したところ，「疑問を解決するために
実験による探究を選択した場面」「課題文を生成する場面」「仮説の設定と実験
方法を立案する場面」において，「探究の過程の8の字型モデル」と「探究ア
イテム」を用いた生徒たちの協働的な学びを抽出することができた。なお，本
章では紙面の都合上，実験群のa組（全6グループ）の中から1つのグループ
のみを抽出して考察することとした。

　表7-8に示したように，「疑問を解決するために実験による探究を選択した
場面」において，炭酸アンモニウムを加熱すると消失するという不可解な事象
を観察した後，A1が「探究の過程の8の字型モデル」を見ながら，まず，疑
問を焦点化するように方向付けている。次に，既習事項を基に，炭酸アンモニ
ウムが消失したのは状態変化による気化であるといった説明仮説を設定してい

る（D1，B2，E1，A2）。そして，炭酸アンモニウムが気体に変化したという説明仮説を検証するために実験を行う必要があることを，D2 は「探究の過程の8の字型モデル」で確認し，グループの仲間に伝えていることがわかる。

　表7-9 に示したように，「課題文を生成する場面」において，A3 が「探究の過程の8の字型モデル」を指差しながら，課題文を生成する働きかけを行っている。1つの過程における意見交換後，どのタイミングで次の過程に進んでいくべきかを判断し，行動に移していく上で，グループ全員が科学的な探究過程を可視化・共有化できる「探究の過程の8の字型モデル」が有効に機能したと推察される。

　表7-10 に示したように，「仮説の設定と実験方法を立案する場面」において，まず，A4 が「探究の過程の8の字型モデル」を指差しながら，仮説・予想を設定する働きかけを行っている。これは，表7-9 における A3 の発話と同様に，次の過程に進んでいくタイミングを「探究の過程の8の字型モデル」を用いて判断し，グループの仲間に働きかけていることがわかる。

　次に，C2 が述べた仮説，「加熱すると，アンモニアと二酸化炭素が出ると思います」に対して，F2 は「探究アイテム」を確認しながら，「え～と，あっ，あった。その理由は？」と質問している。このように，各過程において必要な技能を「探究のアイテム」を用いて明示することで，既習事項や推論などに基づく科学的な根拠を踏まえた学びが形成されたと考えられる。

　さらに，C3 の自らの仮説に関する理由に関連付けて，「炭酸アンモニウムが変化した気体はアンモニアではないか。アンモニアはフェノールフタレイン溶液で調べられそうだ」といった発言が続いた後（D3，F3，E3），B4 が「探究アイテム」のうち，表7-1 に示した「3-4：予想や仮説を確かめるための実験を計画する」のカードをグループの仲間に見せながら，「かなり O.K. じゃね？」と，課題解決への手応えを感得していることがわかる。ここで D4 が「探究の8の字型モデル」をグループの仲間に見せながら，「待って，ちょっと…。また仮説，仮説に戻らんといかん。画用紙に仮説，書くで。他の仮説は？」と発言し，上述した C2 の仮説から始まり実験方法の計画まで進んだ意見交換を1度停止させるとともに，再度，仮説の設定に立ち返る働きかけをし

ている。そもそもC2は「加熱すると，アンモニアと二酸化炭素が出ると思います」といった，2種類の気体が発生することを仮説として述べたにもかかわらず，その後の意見交換ではアンモニアのみに焦点化されている。

　このように，「探究の過程の8の字型モデル」は，次の過程に進むタイミングを判断すべき場面や，必要に応じて課題や仮説・予想，実験方法，結果の見通しなどの各過程に立ち返り，意見交換した内容を付加したり修正したりする場面に有効に機能すると考えられる。

　最後に，C4が「じゃあ仮説は，刺激臭がしたからと炭酸は二酸化炭素ということで，炭酸アンモニウムを加熱すると，アンモニアと二酸化炭素になるだろうで，どう？」と集約するとともに，D5が「探究アイテム」のうち，表7-1に示した「3-2：既習事項に基づく根拠や，『〜すれば，○○は，〜になるだろう』という原因と結果の関係を踏まえた仮説を設定する」のカードをグループの仲間に見ながら，「『〜すれば，○○は，〜になるだろう』になっているから，これ書くわ」と発言している。

　このように，「仮説の設定場面」において，「〜すれば，○○は，〜になるだろう」といった，変化すること（従属変数）と，その原因として考えられる要因（独立変数）の関係で自然の事物・現象を捉えさせることが，目的意識をもたせる上で大切な要素になると考える。さらに，これら2変数の因果関係を認識させることにより，仮説と関連付けた考察や課題に正対した結論も導出することができるようになることが期待される。

　「実験方法を立案する場面」においては，「探究の過程の8の字型モデル」と「探究アイテム」を適用することで，「何を調べるか（目的）」「何を使うか（実験器具）」「どんな手順で（実験の方法）」「どんな条件が必要か（条件制御）」「どんな結果が得られるか（結果の予想）」といった視点を整理・精緻化させていく学びがあったと考えられる。

　以上のことから，本章の指導方法は，「探究の過程の8の字型モデル」と「探究アイテム」を用いるか否かの判断も含め，生徒が主体的・協働的に課題を解決していく学習や，生徒の科学的な探究活動の促進に効果があることが示唆された。一般に，教師は生徒が実験の手続きや操作の意味を理解している

表 7-7　ワークシートの記述内容の正答者数

過程	実験群の生徒の記述例	実験群 ($n=78$)	統制群 ($n=79$)
課題	・炭酸アンモニウムを加熱すると，何に変化するのだろうか ・炭酸アンモニウムは，加熱すると何になるのだろうか	78（100）	－
仮説	・刺激臭がしたので，アンモニアが発生したと思う ・目に見えなくなったので気体に状態変化したと思う ・加熱すると，炭酸アンモニウムはアンモニアと二酸化炭素に変化するだろう	78（100）	75（94.9）
実験方法	・上方置換で気体を集め，フェノールフタレイン溶液を入れる ・水上置換で捕集し，そこに石灰水やBTB溶液を加える	75（96.2）	－
結果の 見通し	・アンモニアならば，フェノールフタレイン溶液が無色透明から赤色に変わるだろう ・二酸化炭素ならば，石灰水が白くにごり，BTB溶液は緑色から黄色に変わるだろう	60（76.9）	－
結果	・フェノールフタレイン溶液が無色透明から赤色に変わった ・石灰水が白くにごった ・BTB溶液が緑色から黄色に変わった	78（100）	74（93.7）
考察	・仮説と違って，炭酸アンモニウムは二酸化炭素とアンモニアの他に，水にも変化することがわかった ・炭酸アンモニウムを加熱し，上方置換で捕集した気体の性質が，刺激臭とアルカリ性ということからアンモニアだとわかった ・水上置換で捕集した気体は石灰水が白くにごったことから，二酸化炭素だとわかった ・塩化コバルト紙が青色からピンク色に変わったことから，透明の液体は水だとわかった	67（85.9）	64（81.0）
結論	・炭酸アンモニウムを加熱すると，アンモニアと二酸化炭素と水が発生する	72（92.3）	66（83.5）

注）単位は人，（　）内の数字は%を示す。統制群における課題，実験方法，結果の見通しについては，教師が板書し生徒全員に教授した。

表 7-8　疑問を解決するために実験による探究を選択した場面における発話プロトコル

A1：（「探究の過程の8の字型モデル」を指差しながら）まず，疑問から。疑問はやっぱり，なぜ消えたか？　加熱すると，なぜ消えたか？

B1：確かに消えたね。消えた消えた。

C1：何で？　何で消えた？　わからん…。

D1：状態変化じゃない？　水が沸騰して，泡？，あっ水蒸気，水蒸気に状態変化する。水が状態変化して水蒸気になったのと同じことじゃない？

B2：炭酸アンモニウムが状態変化して，何かの気体になった？

E1：気体になったの？　え〜，何の？　何の気体？

A2：あ〜それ。それいいね。何の気体になったか？　それが課題じゃない？

D2：そうそう。そうだよね。消えたことを調べるには，こっち（「探究の過程の8の字型モデル」を指差しながら），こっちの実験をやって確かめるしかないね。

注）アルファベットは生徒，数字は生徒ごとの発話番号，…は短い沈黙，？は上昇音調，（　）内は発話者の行為を示す。

表 7-9　課題文を生成する場面における発話プロトコル

A3：みんな，次にこの（「探究の過程の8の字型モデル」を指差しながら）課題に進んでいい？　まずは僕から言うね。まず疑問は，何で炭酸アンモニウムは消えたかってことだから，炭酸アンモニウムは，熱すると何に変わったのだろうか？　にしました。どうですか？

E2：ほとんど一緒で，炭酸アンモニウムを加熱すると，何に変わるのだろうか。

F1：ほぼ一緒やん。消えたのは何か目に見えん気体になったでやな。何に変化したんや？

B3：じゃ，課題は，炭酸アンモニウムを加熱すると，何に変化するのだろうか？　でいいね。

注）アルファベットは生徒，数字は表7-8からの通し番号，…は短い沈黙，？は上昇音調，（　）内は発話者の行為を示す。

表7-10　仮説の設定と実験方法を立案する場面における発話プロトコル

A4：じゃあ次は（「探究の過程の8の字型モデル」を見ながら），どうします？仮説・予想…。

C2：加熱すると，アンモニアと二酸化炭素が出ると思います。

F2：え〜と（「探究アイテム」を確認しながら），あっ，あった。その理由は？

C3：理由は，目に見えなくなって消えたから気体になったということだから，気体で刺激臭があるのはアンモニアだから。

D3：おー，いいね。アンモニアって，あの〜あれ。噴水の実験やったよね。

F3：ピンク色になったやつ。

E3：フェノールフタレイン溶液ね。じゃあ，フェノールフタレイン溶液でアンモニアは調べられるね。

B4：このカード（「探究アイテム」をグループの仲間に見せながら）に書いてある予想や仮説を確かめる実験を計画って，かなりO.K.じゃね？

D4：待って，ちょっと…（「探究の過程の8の字型モデル」を見ながら）。また仮説，仮説に戻らんといかん。画用紙に仮説，書くで。他の仮説は？

A5：二酸化炭素？　炭酸とアンモニウムだから…。

E4：炭酸ジュースには二酸化炭素が入っているやん。

F4：炭酸は二酸化炭素？

C4：じゃあ仮説は，刺激臭がしたからと炭酸は二酸化炭素ということで，炭酸アンモニウムを加熱すると，アンモニアと二酸化炭素になるだろうで，どう？

D5：「〜すれば，○○は，〜になるだろう」（「探究アイテム」を見ながら）になっているから，これ書くわ。

B5：よしよし，実験方法の図と結果の見通しをまとめて描きましょう。図で実験とBTB溶液の変化とか表そう。Dさん，よろしくね。

E5：まず，上方置換の図。アンモニアって空気より軽いで。

C5：あれっ，BTB溶液は何色になるんや？　何色から何色に？

B6：緑から青。中性が緑で酸性が黄色やろ？　で，フェノールフタレイン溶液の方は赤色になるってことやな。

注）アルファベットは生徒，数字は表7-8，表7-9からの通し番号，…は短い沈黙，？は上昇音調，（　）内は発話者の行為を示す。

か，実験の目的に即して必要な条件を制御しているかなどについて机間指導を行い，必要に応じて生徒が自らの考えを検討して改善する契機となるような助言や問い返しを行う。しかしながら，本章では生徒の主体的・協働的な学びを促進するために，生徒個々の考えをワークシートに記述させた後，グループで意見交換する際のツールとして画用紙を用い，課題，仮説，実験方法，結果の見通しを記述させた。このように，グループでの意見交換を踏まえながら画用紙に整理・集約させていくことで，生徒同士の思考過程の可視化，共有化が促進されるとともに，生徒間の個人差を縮小する効果があったと考えられる。

3−3　実験に対する意識や行動の変容

　表7-11の通り，事前・事後調査における両群の各下位尺度の平均値および標準偏差を算出し，事前の各下位尺度の平均値を共変量，事後のそれらを従属変数，両群（実験群・統制群）を独立変数とする共分散分析を行った結果，「メタ認知的方略志向」「仮説検証方略志向」「意味理解方略志向」において，実験群の平均値の方が統制群のそれよりも有意に高いことが示された（メタ認知的：$F(1, 154) = 4.67$，$p < .05$；仮説検証：$F(1, 154) = 17.25$，$p < .01$；意味理解：$F(1, 154) = 6.65$，$p < .05$）。

　「探究の過程の8の字型モデル」では，実験によって科学的な探究活動を進める場合，「考えられる原因をあげよう」「変化しているものを考えよう」「変化させている原因を考えよう」「仮説を設定しよう」「実験計画を立てよう」といった5つの過程を進んでいくことになる。これは，生徒にとって無理のないスモールステップでの探究活動につながったと考えられる。その結果，考えることが苦手な生徒でも，自主的に仮説や実験計画を考えやすくなったり，グループで個々の考えについて協働的に整理・精緻化したりすることで，「何のためにこの実験を行うのか」といった明確な目的意識をもつに至ったと考えられる。

　また，探究の過程の場面ごとに色分けされた「探究アイテム」では，同じ色のアイテムを毎回すべて使えるわけではなく，使えそうなアイテムを観察・実験ごとに選ぶ必要がある。そのため，生徒は「探究アイテム」の中で，どん

な「探究の技能」が使えそうなのかを自分で考えたり，グループの仲間と話し合ったりする必要がある。その結果，予想や仮説を検証するための実験方法になっているのかをよく考えたり，実験方法の意味を考えて実験したりしようとする生徒が増加したのではないかと考えられる。

　以上のことから，本章の指導方法は，実験観に関する下位尺度のうち，生徒の「メタ認知的方略志向」「仮説検証方略志向」「意味理解方略志向」の促進に効果があることが明らかとなった。

表 7-11　「実験観尺度」における下位尺度の変容

下位尺度	時期	実験群（$n=78$）	統制群（$n=79$）	F 値（1,154）
メタ認知的方略志向	事前	3.52（0.79）	3.49（0.81）	4.67*
	事後	3.84（0.68）	3.64（0.79）	
仮説検証方略志向	事前	3.14（0.77）	2.92（0.80）	17.25**
	事後	3.53（0.66）	3.03（0.74）	
意味理解方略志向	事前	2.51（0.84）	2.81（0.94）	6.65*
	事後	2.99（0.68）	2.94（0.92）	
可視化方略志向	事前	3.29（1.00）	3.09（0.96）	3.03
	事後	3.76（0.90）	3.43（0.99）	
新しい発見や気づき	事前	3.62（0.67）	3.70（0.52）	0.81
	事後	3.77（0.55）	3.88（0.49）	
実験プロセスの重視	事前	2.63（0.91）	2.74（0.72）	0.00
	事後	2.88（1.06）	2.95（0.97）	

注）（　）内の数字は標準偏差を示す。$**p<.01$，$*p<.05$

3－4　科学的探究過程の理解

　表 7-12 の通り，「4. 当てはまる」と「3. 少し当てはまる」に分類された生徒を肯定，「2. あまり当てはまらない」と「1. 当てはまらない」に分類された生徒を否定とし，回答人数の偏りを正確二項検定で検討した結果，5 項目すべてにおいて，肯定者数の方が否定者数よりも有意に多いことが示された。以下に各質問項目に関する詳細な考察を加える。

　質問項目①において，72 人（92.3％）の生徒が肯定的な回答をしていること

から，生徒の主体的・協働的な学びを促進する本章の指導方法は，学習意欲の向上においても効果があることが明らかとなった。

質問項目②において，68人（87.2%）の生徒が肯定的な回答をしていることから，本章の指導方法は他の理科学習においても適用できる可能性が示唆される。さらに，探究の過程や，その中で必要とされる技能を明示した授業実践を積み重ねていくことが，科学的な探究の能力を育成していく上で重要であると考えられることから，今後も「探究の過程の8の字型モデル」と「探究アイテム」を用いた授業実践を継続していくことで，その効果を幅広く検証する必要がある。

質問項目③において，70人（89.7%）の生徒が肯定的な回答をしていること

表7-12　科学的探究過程の理解

質問項目	肯定		否定		正確二項検定
	とても	まあまあ	あまり	全然	
①「8の字型モデル」や「探究アイテム」を使った理科の授業は楽しい	57	15	6	0	$p = 0.000$**
②今後も，「8の字型モデル」や「探究アイテム」を使えば，自分たちの力で課題を解決できそうだ	45	23	8	2	$p = 0.000$**
③「8の字型モデル」は，次の活動の見通しをもつことに役に立った	57	13	8	0	$p = 0.000$**
④「8の字型モデル」や「探究アイテム」を使うことを通して，仲間と話し合おうとする意識が高まったり，相談する機会が増えたりした	62	12	1	3	$p = 0.000$**
⑤「探究アイテム」を使うと，どんな技能が使えるのかわかった	48	26	1	3	$p = 0.000$**

注）実験群：$n = 78$，単位は人である。**$p < .01$

から，因果関係の有無から観察か実験のどちらの過程で探究を進めればよいのかをわかりやすく示した「探究の過程の8の字型モデル」は，生徒の活動に対する見通しを明確にさせる上で有効であることが示唆された。

　質問項目④において，74人（94.9%）の生徒が肯定的な回答をしたことから，「探究の過程の8の字型モデル」と「探究アイテム」は，生徒同士の意見交換の促進に効果があることが明らかとなった。「探究の過程の8の字型モデル」で見通しをもたせ，「探究アイテム」で場面ごとに何をすればいいのかを明示したことにより，生徒同士が意見交換する際，「何のために話し合うのか」という目的と，「何について話し合うのか」という内容が焦点化され，自然的・必然的な話し合いが形成されていったと推察される。

　質問項目⑤において，74人（94.9%）の生徒が肯定的な回答をしたことから，「探究の過程の8の字型モデル」で示した各場面において，どのような技能が使えるのかを具体的に示した「探究アイテム」は，科学的探究活動に必要な技能を意識化させる上で有効であることが示唆された。

　　おわりに

　本章の目的は，中学校理科授業における主体的・協働的な学びを促す指導方法として，「探究の過程の8の字型モデル」と「探究アイテム」を適用することが，生徒の実験に対する意識や行動の変容および科学的探究過程の理解に与える効果を明らかにすることであった。この目的を達成するために，「探究の過程の8の字型モデル」で示した場面ごとに，「探究アイテム」を用いて科学的な探究活動に必要な技能を意識させたり，生徒自らに活用する「探究の技能」を判断・選択させたりする授業実践を行った。

　その結果，生徒が観察・実験の目的を主体的に考えたり，観察・実験ではどのような結果が予想されるかをグループで協働的に議論したりするなど，明確な見通しをもって学習を進められるようになることから，科学的探究過程の理解に効果があることが示唆された。さらに，生徒一人ひとりが科学的な探究過程を大切にしながら観察・実験を進めることができるようになり，「メタ認

知的方略志向」「仮説検証方略志向」「意味理解方略志向」といった実験に対する意識や行動に有意な向上が認められるなど，科学的な探究能力の育成にも効果があることが明らかとなった。

　以上の結果を踏まえ，本章では，科学的探究活動を生徒一人ひとりが，主体的・協働的に進められるように指導を改善する必要性が示唆された。

引用文献

1)　浅倉健輔（2016）「小学校理科における問題解決能力を高めるための指導法の研究 ―『探究の過程の8の字型モデル』と『探究アイテム』を用いた実践を通して ―」『上越教育大学大学院学校教育研究科修士論文』42-73。

2)　後藤顕一・松原憲治（2015）「主体的・協働的な学びを育成する理科授業研究の在り方に関する一考察〜カリキュラムマネジメントに基づく理科授業研究モデルの構想〜」『理科教育学研究』第56巻，第1号，17-32。

3)　長谷川直紀・吉田裕・関根幸子・田代直幸・五島政一・稲田結美・小林辰至（2013）「小・中学校の理科教科書に掲載されている観察・実験等の類型化とその探究的特徴 ― プロセス・スキルズを精選・統合して開発した『探究の技能』に基づいて ―」『理科教育学研究』第54巻，第2号，225-247。

4)　国立教育政策研究所（2007）「特定の課題に関する調査（理科）結果のポイント」1-6。
　　（http://www.nier.go.jp/kaihatsu/tokutei_rika/06002040000007001.pdf）

5)　国立教育政策研究所（2012）「平成24年度全国学力・学習状況調査【中学校】報告書」18-21。
　　（http://www.nier.go.jp/12chousakekkahoukoku/04chuu_houkokusho.htm）

6)　草場実（2011）「メタ認知を育成する理科学習指導に関する実践的研究 ― 高等学校化学領域の観察・実験活動に着目して ―」『広島大学大学院教育学研究科学位論文』57-60。

7)　文部科学省（2008）「小学校学習指導要領解説理科編」7-11。

8)　文部科学省（2008）「中学校学習指導要領解説理科編」4-8，28-33。

9) 文部科学省（2012）「新たな未来を築くための大学教育の質的転換に向けて〜生涯学び続け，主体的に考える力を育成する大学へ〜（答申）」。
　　（http://www.mext.go.jp/b_menu/shingi/chukyo/chukyo0/toushin/1325047.htm）

10)　文部科学省（2014）「初等中等教育における教育課程の基準等の在り方について（諮問）」。
　　（http://www.mext.go.jp/b_menu/shingi/chukyo/chukyo0/toushin/1353440.htm）

11)　清水誠（2014）「子どもと理科の楽しい出会いをつくる導入」『理科の教育』Vol.63，No.738，5-7。

12)　東京書籍（2015）「新編　新しい科学2」10-83。

付記

　本章は「兵庫教育大学大学院連合学校教育学研究科　教育実践学論集」第19巻（2018）に掲載された「中学校理科授業における主体的・協働的な学びを促す指導方法に関する研究 ―『探究の過程の8の字型モデル』と『探究アイテム』に着目して ―」を書き直したものである。

あ と が き

　研究の遂行ならびに本書をまとめるに当たり，多くの方々から温かく多大な
ご指導，ご助言を賜りました。

　小林辰至先生（上越教育大学大学院名誉教授）には，私が2013年4月に兵
庫教育大学大学院連合学校教育学研究科（博士課程）に入学してから現在に至
るまで，研究の進め方を基礎から丁寧に教えていただきました。その中で，研
究に行き詰まり，挫けそうになったことが多々ありましたが，小林先生は常に
温かい励ましの言葉をかけ続けてくださいました。このような先生からの励ま
しのお言葉に何度も救われ，私の研究の大きな支えとなりました。先生の学恩
に報いるには本書があまりにも稚拙であることを十分に認識しておりますが，
心より感謝申し上げます。

　田代直幸先生（常葉大学教授）には，研究の意義や目的，調査方法などにつ
いて多くのご示唆をいただきました。貴重なご指導・ご意見をいただき，深く
感謝申し上げます。私が研究の道を志したのは，2010年度に「学力の把握に
関する研究指定校事業」協力者会議委員および「評価規準，評価方法等の工夫
改善に関する調査研究」に係る企画委員として，当時，国立教育政策研究所教
育課程研究センター研究開発部教育課程調査官でいらした田代先生や，理科教
育の研究者の方々と意見交換する機会に恵まれ，研究への関心が高まったから
です。心より御礼申し上げます。

　また，栗原淳一先生（群馬大学教授）には，的確なご指導，ご助言をいただ
きました。深く感謝申し上げます。栗原先生は，私が小林研究室に在籍した大
学院生（博士課程）時代から熱い議論を交わし合える頼もしい先輩であり，先
生との出会いは私の一生の財産です。

　本書の刊行に当たっては，大学教育出版の佐藤守様のご支援がなければ，本
書の刊行は実現しなかったと思います。厚く御礼申し上げます。

　今後，本書が日々の授業実践に活かされ，我が国の理科教育の発展に少しで

も貢献できればと願ってやみません。

2023 年 6 月

　　　　　　　　　　　　　　　　　　　　　　山田　貴之

【編著者紹介】

山田　貴之　（やまだ　たかゆき）

1973 年　岐阜県生まれ
　　　　兵庫教育大学大学院修了　博士（学校教育学）
現　在　上越教育大学大学院准教授
　　　　兵庫教育大学大学院博士課程准教授（兼職）

　平成 8 年 4 月から平成 30 年 3 月まで岐阜県の公立小学校に 9 年間，中学校に 13 年間勤務した。その間，国立教育政策研究所で「学力の把握に関する研究指定校事業」に係る企画委員や，「評価規準，評価方法等の工夫改善に関する調査研究」協力者会議委員などを務めた。平成 28 年 3 月に「学校教育学」の博士の学位を取得し，平成 30 年 4 月に上越教育大学大学院に着任した。理科コースの准教授として，主に理科教育や科学教育に関する研究と，学生の論文指導に当たっている。また，日本理科教育学会の広報委員，学校図書の小中学校理科教科書の著作編集委員を務めている。

　主な著書として，「平成 29 年改訂　中学校教育課程実践講座　理科」（共著，ぎょうせい，2017 年），「（日本理科教育学会創立 70 周年記念出版）理論と実践をつなぐ理科教育学研究の展開」（共著，東洋館出版社，2022 年）などがある。また，主な論文として，「小学生の理科における仮説設定能力に影響を及ぼす諸要因の因果モデル ― 第 6 学年の児童を対象とした質問紙調査の結果に基づいて ― 」，「小学校高学年児童の日常生活での因果関係のある事象に関与する経験及び意識の傾向」，「中学校理科授業における生徒の主体的な学びを構成する諸要因の因果モデル」などがある。

【執筆者紹介】

本田　勇輝　（ほんだ　ゆうき）　　　加茂市立加茂小学校教諭　修士（教育学）
木原　義季　（きはら　よしき）　　　上越市立上雲寺小学校教諭　修士（教育学）
山田　健人　（やまだ　けんと）　　　さいたま市立美園北小学校講師　修士（教育学）

【理論編】	【実践編】
第 1 章　山田　貴之	第 6 章　木原　義季・山田　貴之
第 2 章　山田　貴之	第 7 章　山田　貴之
第 3 章　山田　貴之	
第 4 章　山田　健人・山田　貴之	
第 5 章　本田　勇輝・山田　貴之	

科学的に探究する資質・能力を育む理科教育

2023 年 10 月 10 日　初版第 1 刷発行

■ 著　　　者 —— 山田貴之
■ 発 行 者 —— 佐藤　守
■ 発 行 所 —— 株式会社 大学教育出版
　　　　　　　〒 700-0953　岡山市南区西市 855-4
　　　　　　　電話 (086) 244-1268　FAX (086) 246-0294
■ 印刷製本 —— モリモト印刷 ㈱

ISBN978 - 4 - 86692 - 272 - 0